2022

中国风电行业发展报告

China Wind Power Generation Industry Development Report 2022

水电水利规划设计总院　主编

中国经济出版社
CHINA ECONOMIC PUBLISHING HOUSE

图书在版编目（CIP）数据

2022中国风电行业发展报告／水电水利规划设计总院主编. -- 北京：中国经济出版社，2023.7

ISBN 978-7-5136-7397-6

Ⅰ. ①2… Ⅱ. ①水… Ⅲ. ①风力发电－产业发展－研究报告－中国－2022 Ⅳ. ①F426.61

中国国家版本馆CIP数据核字（2023）第134742号

审图号：GS京（2023）1442号

策划编辑　姜　静
责任编辑　郑　潇
责任印制　马小宾

出版发行　中国经济出版社
印 刷 者　北京富泰印刷有限责任公司
经 销 者　各地新华书店
开　　本　889mm×1194mm　1/16
印　　张　4.5
字　　数　100千字
版　　次　2023年7月第1版
印　　次　2023年7月第1次
定　　价　198.00元
广告经营许可证　京西工商广字第8179号

中国经济出版社　网址 www.economyph.com　社址 北京市东城区安定门外大街58号　邮编 100011
本版图书如存在印装质量问题，请与本社销售中心联系调换（联系电话：010-57512564）

编委会

Editorial Board

前言
Foreword

2022 年，习近平总书记在中国共产党第二十次全国代表大会上提出，“积极稳妥推进碳达峰碳中和，立足我国能源资源禀赋，坚持先立后破，有计划分步骤实施碳达峰行动，深入推进能源革命，加强煤炭清洁高效利用，加快规划建设新型能源体系，积极参与应对气候变化全球治理”，进一步指明了能源安全供应和绿色低碳发展前进方向。

“十四五”是我国加快能源绿色低碳转型、落实碳达峰目标的攻坚期，2022 年是检验“十四五”中间成果的关键时期。国家在锚定碳达峰碳中和的目标任务基础上，加强顶层设计，继续完善支持产业发展体制机制，优化产业发展环境，推动风电等新能源的市场化进程，助力风电行业大规模、高比例、高质量跃升发展。

2022 年，我国风电行业进入发展新阶段。装机规模持续扩大，累计装机容量达到 3.65 亿千瓦，同比增长 11%，连续 13 年居全球首位；建设布局不断优化，“三北”地区充分发挥区域资源和开发优势，积极推进大型风电基地建设，风电新增装机占比提升至 74%；发电量稳步提升，达到 7624 亿千瓦时，保持在煤电、水电之后第三位；产业链发展持续向好，整机制造设计产能居全球首位；国际合作不断深化，助力推动全球能源结构转型和绿色发展。

为便于行业全面了解、深度把握风电行业发展现状和发展方向，在国家能源局指导下，水电水利规划设计总院联合国家电投等单位编写了《2022 中国风电行业发展报告》(以下简称《报告》)，立足当前风电发展的新形势，对我国风电发展情况进行梳理分析和综合归纳，努力做到凝聚焦点、突出重点。

《报告》是我国风电行业发展的综合性研究报告，汇聚了我国规划设计、政策研究、产业发展、投资开发等领域权威机构的最新研究成果。《报告》内容尚有不完善之处，恳请读者批评指正。

《2022 中国风电行业发展报告》编写组

2023 年 6 月

目录
Content

1 概述 1

1.1 政策概况 2
1.2 发展概况 3

2 政策法规篇 7

2.1 目标制度 8
2.2 建设管理 9
2.3 消纳保障 10
2.4 电价政策 13
2.5 行业监测 15
2.6 市场交易 15
2.7 金融支持 17

3 开发应用篇 19

3.1 风能资源 20
3.2 前期管理 22
3.3 建设运行 24
3.4 区域发展 31
3.5 市场交易 45
3.6 投资成本 47

4 产业发展篇 51

4.1 装备制造 52
4.2 设备出口 52
4.3 技术创新 53

5 形势与展望篇 55

5.1 面临形势 56
5.2 发展趋势与市场展望 58

6 附录 61

2022年风电行业主要政策汇总 62

1 概述
Overview

2022 年是党的二十大胜利召开之年，党的二十大报告中提出，积极稳妥推进碳达峰碳中和，为我国能源发展指明了前进方向，提供了根本遵循。2022 年，全国风电行业锚定碳达峰碳中和目标，行业政策体系不断优化，建设运营成效突出，产业创新加速升级，投资成本不断下降，总体发展趋势持续向好，呈现出高质量、大规模、高比例、市场化发展新特征。

1.1 政策概况

1 加强顶层设计，完善行业发展体制

2022 年 5 月，国务院办公厅转发国家发展改革委、国家能源局《关于促进新时代新能源高质量发展的实施方案》(国办函〔2022〕39 号)，提出加快推进以“沙戈荒”地区为重点的大型风电光伏基地建设等创新开发利用模式、构建适应新能源占比逐步提高的新型电力系统、引导新能源健康有序发展等七个方面政策措施，保障新能源逐步发挥在能源保供增供方面的作用。

2021 年 10 月，国家发展改革委、国家能源局等九部门联合印发《关于印发“十四五”可再生能源发展规划的通知》(发改能源〔2021〕1445 号)，设定了“十四五”期间风电等可再生能源行业近中远期的战略目标和机制路线，按照以区域布局优化发展、以重大基地支撑发展、以示范工程引领发展、以行动计划落实发展的思路，推动风电行业大规模、高比例、高质量、市场化发展。

2 持续优化风电建设布局

2022 年，风电建设延续 2021 年政策思路，国家按照目标导向和责任共担原则，根据“十四五”规划目标，测算下达各省（区、市）年度可再生能源电力消纳责任权重，各地在此基础上制定年度开发方案。在并网消纳方面，加强并网统筹，保障风电等新能源“应并尽并、能并早并”，抽水蓄能、新型储能等新能源存储调节设施加快布局。

3 规范风电项目管理

2022 年，国家能源局对全国并网在运的风电等可再生能源发电项目开展建档立卡，建立全国可再生能源发电项目库，对风电项目进行统一归集、统一管理。

1.2 发展概况

1 大规模

（1）装机规模持续位居全球第一

2022 年，中国风电新增装机容量 3763 万千瓦，超过近 5 年的平均新增装机规模，增速较 2021 年有所放缓。其中，陆上风电新增装机容量 3258 万千瓦，同比增长 6%；海上风电新增装机容量 505 万千瓦，同比下降 70%。截至 2022 年底，风电累计装机容量 3.65 亿千瓦，占全部电源装机的 14.3%，连续 13 年稳居全球第一。

（2）基地化成为陆上风电开发的主要模式

2022 年，国家统筹推进规划建设以沙漠、戈壁、荒漠地区为重点的大型风电光伏基地，第一批 9705 万千瓦基地项目已全面开工、部分已建成投产，第二批基地部分项目陆续开工。2022 年，在大型陆上风光基地开工建设、中东南部用地要求进一步提高的背景下，“三北”地区新增装机并网规模与开发建设规模占比均有提高，基地化发展成为陆上风电开发的主要模式，同时加速了陆上风电机组的大型化趋势。

2 高比例

（1）发电量占比持续提升

2022 年，中国风电发电量达到 7624 亿千瓦时，仅次于煤电和水电，占电源总发电量的 8.8%，较 2021 年提高 1 个百分点。

（2）平均利用率保持较高水平

2022 年，中国风电平均利用率 96.8%，基本与上年持平，继续保持较高水平；全国风电年平均利用小时数 2259 小时，同比增加 14 小时。

3 高质量

（1）产业链体系国际竞争力逐步增强

2022 年，中国风电已形成涵盖发电机、齿轮箱、主轴、变流器、塔架、叶片等主要零部件的产业链体系，生产的风力发电机、齿轮箱等关键零部件占全球市场份额提升至 70%。超过 20 家风电企业具备整机生产制造能力，其中 6 家新增并网装机容量居全球前十。

（2）单位千瓦造价持续下降

2022 年，得益于市场化条件下主机设备降价和大容量机型规模化应用，全国风电项目建设成本持续下降。其中，陆上集中式平原（戈壁）地区、一般山地和复杂山地风电项目单位千瓦平均造价分别为 4800 元、5500 元和 6500 元；海上风电项目单位千瓦造价约为 11500 元。

4 市场化

（1）新建风电项目全面实行平价上网

2022 年，新核准陆上风电继续延用平价上网的电价政策，海上风电国补退出由地方接力，上海、广东、山东、浙江等 4 个省（市）印发地方海上风电补贴扶持政策，助力海上风电规模化发展。

（2）风电参与电力市场化交易占比逐年提升

近年来，风电等新能源参与电力市场化交易占比逐年提升。2020 年，我国约有 25% 的新能源电量参与电力市场化交易，至 2022 年新能源参与电力市场化交易电量占比已提升至 34%。

（3）绿证交易量同比上升

2022 年，国家可再生能源信息管理中心全年核发绿证 2060 万个，对应电量 206 亿千瓦时，同比增长 135%；交易数量达到 969 万个，对应电量 96.9 亿千瓦时，同比增长 15.8 倍，其中，通过绿证自愿认购市场开展的绿证交易数量 385 万个、通过绿电交易开展的绿证交易数量 584 万个。

2 政策法规篇
Policies and Regulations

2.1 目标制度

1 先立后破，促进新时代新能源高质量发展

为实现到 2030 年风电、太阳能发电总装机容量达到 12 亿千瓦以上的目标，加快构建清洁低碳、安全高效的能源体系，2022 年 5 月，国务院办公厅转发国家发展改革委、国家能源局《关于促进新时代新能源高质量发展实施方案》（国办函〔2022〕39 号），旨在先立后破的基础上，保障新能源又好又快发展。

该实施方案围绕新能源发展的难点、堵点问题，提出创新能源开发利用模式、加快构建适应新能源占比逐渐提高的新型电力系统等七方面政策措施。其中，针对风电行业发展提出以下政策措施：一是在创新开发利用模式方面，要求加快推进以沙漠、戈壁、荒漠地区为重点的大型风电光伏基地建设，积极推进乡村分散式风电开发，加快发展工业企业、工业园区的分散式风电。二是在深化新能源领域“放管服”改革方面，推动风电项目由核准制调整为备案制。三是在支持引导产业健康发展方面，推进先进风电设备关键技术突破，推动退役风电机组产业链发展，积极参与风电领域国际标准、合格评定程序的制定和修订。四是在保障新能源发展合理空间需求方面，优化调整近岸风电场布局，鼓励发展深远海风电项目，鼓励“风光渔”融合发展，切实提高风电项目海域资源利用效率。

2 五年规划，绘制可再生能源发展蓝图

2021 年 10 月，国家发展改革委、国家能源局等九部门联合印发《关于印发“十四五”可再生能源发展规划的通知》（发改能源〔2021〕1445 号），锚定碳达峰碳中和目标，以高质量跃升发展为主题，促进可再生能源大规模、高比例、市场化、高质量发展，有效支撑清洁低碳、安全高效的能源体系建设。“十四五”期间，风电等可再生能源将以区域布局优化发展、以重大基地支撑发展、以示范工程引领发展、以行动计划落实发展的思路，坚持集中式与分布式并举、陆上与海上并举、就地消纳与外送消纳并举、单品种开发与多品种互补并举、单一场景与综合场景并举，进一步推动风电等可再生能源行业实现更大规模开发、更多模式融合、更高水平利用、更多场景应用。

3 多措并举，引导能源绿色低碳转型

2022 年 1 月，国家发展改革委、国家能源局印发《关于完善能源绿色低碳转型体制机制和政策措施的意见》(发改能源〔2022〕206 号)，明确“十四五”时期，基本建立推进能源绿色低碳发展的制度框架，形成比较完善的政策、标准、市场和监管体系，构建以能耗“双控”和非化石能源目标制度为引领的能源绿色低碳转型推进机制。在风电领域，完善引导绿色能源消费的制度和政策体系，建立健全绿色能源消费促进机制；建立以绿色低碳为导向的能源开发利用新机制，加快推进以沙漠、戈壁、荒漠地区为重点的大型风电、光伏发电基地建设，鼓励在风电等新能源开发建设中推广应用节地技术和节地模式；完善油气与风能等资源协同开发机制，鼓励油气企业利用自有建设用地发展可再生能源和建设分布式能源设施。

2.2 建设管理

1 规划引领，持续优化风电建设布局

根据《国家能源局关于 2021 年风电、光伏发电开发建设有关事项的通知》(国能发新能〔2021〕25 号）要求，2022 年风力发电项目建设管理延续“坚持目标导向，完善发展机制，释放消纳空间，优化发展环境，发挥地方主导作用，调动投资主体积极性，推动风电、光伏发电高质量跃升发展”的政策思路；国家按照目标导向和责任共担原则，根据“十四五”规划目标，测算下达各省（区、市）年度可再生能源电力消纳责任权重；各地结合消纳责任权重和新能源合理利用率目标，确定本省（区、市）年度新增风光电项目建设规模与储备，制定年度开发方案。

2 开展风电项目建档立卡

为全面准确掌握风电等可再生能源发电项目的数量和规模等情况，进一步加强行业精细化管理和服务，支撑绿色电力证书核发和交易、新增可再生能源不纳入能源消费总量控制认定等工作，2022 年 8 月，《国家能源局综合司关于组织开展可再生能源发电项目建档立卡有关工作的通知》要求对全

国并网在运的陆上风电、海上风电等可再生能源发电项目建档立卡，建立全国可再生能源发电项目库。国家可再生能源信息管理中心负责建档立卡系统的建设运行、技术支持和动态维护，对全国可再生能源发电项目信息进行统一归集、统一管理。

2.3 消纳保障

1 权重引导，可再生能源消纳保障机制优化作用持续发力

2022 年 7 月，国家发展改革委办公厅、国家能源局综合司印发《关于 2022 年可再生能源电力消纳责任权重及有关事项的通知》(发改办能源〔2022〕680 号)，公布 2022 年各省（区、市）消纳责任权重。从全国情况看，2022 年，11 个省（区、市）最低总量消纳责任权重超过 30%，14 个省（区、市）最低非水电消纳责任权重超过或等于 15%。与 2021 年设置的消纳责任权重相比，2022 年各省（区、市）最低总量消纳责任权重平均值达到 31.4%，提升 1.1 个百分点；各省（区、市）最低非水电消纳责任权重平均值达到 14.8%，提升 1.4 个百分点。2022 年全国各省（区、市）可再生能源电力消纳责任权重目标见表 2-1。

表 2-1　2022 年各省（区、市）可再生能源电力消纳责任权重目标

省（区、市）	总量消纳责任权重		非水电消纳责任权重	
	最低值	激励值	最低值	激励值
北京	19.0%	20.9%	18.8%	20.7%
天津	18.4%	20.2%	17.5%	19.3%
河北	17.9%	19.7%	17.8%	19.5%
山西	21.4%	23.6%	20.3%	22.3%
山东	15.0%	16.5%	14.5%	16.0%
内蒙古	21.9%	24.1%	20.8%	22.8%
辽宁	18.1%	19.9%	14.8%	16.2%
吉林	30.2%	33.2%	22.3%	24.5%
黑龙江	23.4%	25.7%	21.5%	23.7%
上海	31.0%	34.1%	5.2%	5.7%

续表

省（区、市）	总量消纳责任权重		非水电消纳责任权重	
	最低值	激励值	最低值	激励值
江苏	19.8%	21.8%	11.8%	12.9%
浙江	19.5%	21.5%	9.8%	10.8%
安徽	18.5%	20.3%	15.3%	16.8%
福建	19.5%	21.5%	8.8%	9.7%
江西	28.5%	31.4%	13.3%	14.6%
河南	24.8%	27.3%	19.8%	21.8%
湖北	37.5%	41.3%	11.3%	12.4%
湖南	46.4%	51.0%	14.8%	16.3%
重庆	44.7%	49.1%	5.3%	5.8%
四川	74.0%	81.4%	7.3%	8.0%
陕西	25.9%	28.5%	17.3%	19.0%
甘肃	50.0%	55.0%	20.3%	22.3%
青海	70.0%	77.0%	26.0%	28.6%
宁夏	25.4%	27.9%	23.3%	25.6%
新疆	23.8%	26.1%	13.3%	14.6%
广东	29.0%	31.9%	6.3%	6.9%
广西	44.0%	48.4%	11.3%	12.4%
海南	16.7%	18.4%	9.3%	10.2%
贵州	35.7%	39.3%	9.8%	10.8%
云南	73.1%	80.4%	15.0%	16.5%
平均值	31.4%	34.6%	14.8%	16.2%

注：1. 全国非水电发电量不低于 1.3 万亿千瓦时。

2. 甘肃总量最低消纳责任权重中，2.6 个百分点为 2021 年未完成，累计到 2022 年完成。

3. 新疆总量最低消纳责任权重中，1.8 个百分点为 2021 年未完成，累计到 2022 年完成；非水电最低消纳责任权重中，0.6 个百分点为 2021 年未完成，累计到 2022 年完成。

4. 西藏不考核。

此外，该通知还明确要求健全完善可再生能源绿色电力证书制度。从 2022 年起，逐步建立以可再生能源绿色电力证书计量可再生能源消纳量的相关制度。

2 加强并网统筹，保障新能源“应并尽并、能并早并”

2022 年 11 月，国家能源局综合司印发《关于积极推动新能源发电项目应并尽并、能并早并有关工作的通知》，要求电网企业按照“应并尽并、能并早并”原则，对具备并网条件的风电、光伏发电项目，切实采取有效措施，加大统筹协调力度和配套接网工程的建设，保障及时并网；允许风电、光伏发电项目分批并网，不得将全容量建成作为新能源项目并网的必要条件。

3 规划布局，新能源存储调节资源加速配置

《“十四五”可再生能源发展规划》提出，要加快建设可再生能源存储调节设施，提升新型电力系统对高比例可再生能源的适应能力。一是加快推进抽水蓄能电站建设。持续推进站点资源调查工作，加快推动“十四五”重点项目建设，在新能源快速发展地区，推进中小型抽水蓄能电站示范。二是推进黄河上游梯级电站大型储能试点项目建设，推进龙羊峡—拉西瓦河段百万千瓦级梯级电站大型储能试点项目建设，支撑青海省新能源消纳和外送。

2022 年 1 月，为加快推动新型储能高质量规模化发展，《国家发展改革委、国家能源局关于印发〈“十四五”新型储能发展实施方案〉的通知》（发改能源〔2022〕209 号）提出，坚持优化新型储能建设布局，推动新型储能与电力系统各环节融合发展。在电源侧，加快推动系统友好型新能源电站建设，以新型储能支撑高比例可再生能源基地外送、促进沙漠戈壁荒漠大型风电光伏基地和大规模海上风电开发消纳，通过合理配置储能提升煤电等常规电源调节能力。在用户侧，灵活多样地配置新型储能，支撑分布式供能系统建设，为用户提供定制化用能服务，提升用户灵活调节能力。同时，推动储能多元化创新应用，推进源网荷储一体化、跨领域融合发展，拓展多种储能形式应用。

4 积极引导，激励绿色电力消费

2022 年 1 月，为深入贯彻落实《中共中央、国务院关于完整准确全面贯彻新发展理念做好碳达

峰碳中和工作的意见》和《2030 年前碳达峰行动方案》有关要求，国家发展改革委、工业和信息化部等七部门联合印发《促进绿色消费实施方案》(发改就业〔2022〕107 号)，要求大力发展绿色消费，进一步激发全社会绿色电力消费潜力，落实新增可再生能源和原料用能不纳入能源消费总量控制要求，统筹推动绿色电力交易、绿证交易，有序引导用户更多消费绿色电力。

2022 年 8 月，为落实《“十四五”节能减排综合工作方案》有关要求，有序推进新增可再生能源电力消费量不纳入能源消费总量控制，国家发展改革委、国家统计局、国家能源局印发《关于进一步做好新增可再生能源消费不纳入能源消费总量控制有关工作的通知》(发改运行〔2022〕1258 号)。一是现阶段不纳入能源消费总量的可再生能源主要包括风电、太阳能发电等可再生能源，以各地区 2020 年可再生能源电力消费量为基数，“十四五”期间每年较上一年新增的可再生能源电力消费量，在全国和地方能源消费总量考核时予以扣除；二是明确以绿证作为可再生能源电力消费量认定的基本凭证，绿证核发范围覆盖所有可再生能源发电项目，建立全国统一的绿证体系，由国家可再生能源信息管理中心根据国家相关规定和电网提供的基础数据向可再生能源发电企业按照项目所发电量核发相应绿证；三是完善可再生能源消费数据统计核算体系，科学实施节能目标责任评价考核。

2.4 电价政策

1 新核准陆上风电项目延续平价上网政策

2022 年 4 月，国家发展改革委印发《关于 2022 年新建风电、光伏发电项目延续平价上网政策的函》，明确对 2022 年新核准陆上风电项目、新备案集中式光伏电站和工商业分布式光伏项目，延续平价上网政策，上网电价按当地燃煤发电基准价执行；新建项目可自愿通过市场化交易形成上网电价，以充分体现新能源的绿色电力价值。2022 年全国各省（区、市）燃煤发电基准价如图 2-1 所示。

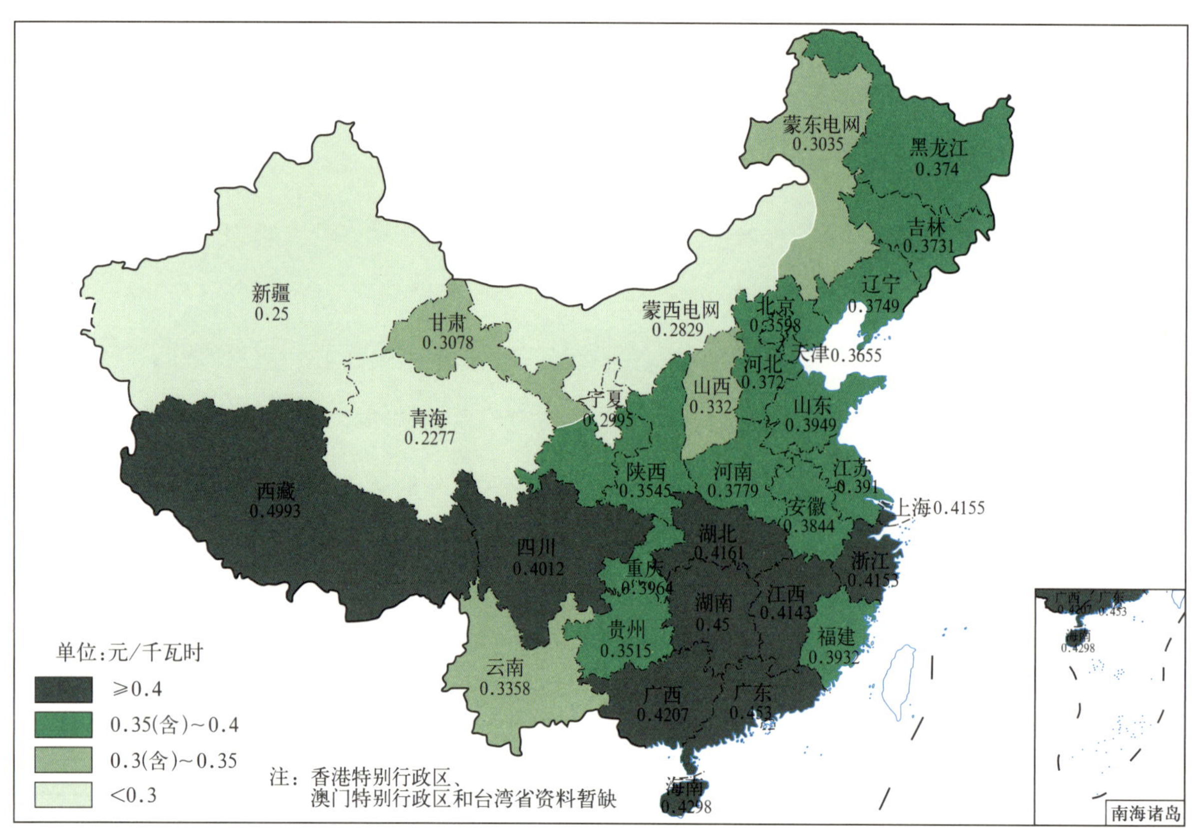

图 2-1　2022 年全国各省（区、市）燃煤发电基准价

2　地方支持海上风电发展

为进一步支持海上风电产业持续健康发展，截至 2022 年底，上海、广东、山东、浙江等 4 个省（市）印发地方海上风电补贴扶持政策，助力海上风电规模化发展。各省（市）海上风电补贴政策情况见表 2-2。

表 2-2　各省（市）海上风电地方补贴政策汇总

地区	补贴（奖励）范围	补贴（奖励）标准	政策依据
上海市	2022—2026 年投产发电的深远海海上风电项目和场址中心离岸距离大于等于 50 千米近海海上风电项目	奖励标准为 500 元 / 千瓦，单个项目年度奖励金额不超过 5000 万元。分 5 年拨付，每年拨付 20%	《上海市可再生能源和新能源发展专项资金扶持办法》（2022 版）
广东省	2018 年底前已完成核准、在 2022 年至 2024 年全容量并网的省管海域项目；对 2025 年起并网的项目不再补贴	2022 年、2023 年、2024 年全容量并网项目分别补贴 1500 元 / 千瓦、1000 元 / 千瓦、500 元 / 千瓦	《广东省人民政府办公厅关于印发促进海上风电有序开发和相关产业可持续发展实施方案的通知》（粤府办〔2021〕18 号）

续表

地区	补贴（奖励）范围	补贴（奖励）标准	政策依据
山东省	2022—2024年建成并网的“十四五”海上风电项目，补贴规模分别不超过200万千瓦、340万千瓦、160万千瓦	2022—2024年建成并网项目分别补贴800元/千瓦、500元/千瓦、300元/千瓦	《山东省人民政府关于印发2022年“稳中求进”高质量发展政策清单（第二批）的通知》（鲁政发〔2022〕4号）
	2023年底前建成并网的海上风电项目	免于配建或租赁储能设施	
浙江省	2022年和2023年全容量并网的项目，补贴规模分别按60万千瓦和150万千瓦控制，2021年底前核准，2023年底未全容量并网不再享受省级财政补贴	2022年、2023年补贴标准分别为0.03元/千瓦时、0.015元/千瓦时，按等效年利用小时数2600小时补贴。从项目全容量并网第二年开始，补贴期限10年	《关于2022年风电、光伏项目开发建设有关事项的通知》（舟发改能源〔2022〕13号）

2.5 行业监测

按月调度机制是国家能源局主动适应可再生能源发展新阶段，创新事中事后监管方式，统揽开发建设全局、畅通信息渠道、协调各方工作、解决发展中实际问题的有力举措，也是稳步推动构建以新能源为主体的新型电力系统的重要支撑。依托国家可再生能源信息管理平台，国家可再生能源信息管理中心负责对可再生能源发电项目从储备、核准（审核、备案）、开工、建设、并网到投产进行全过程调度，动态监测全国可再生能源发电项目建设情况。

自2021年8月正式启动至2022年底，国家能源局召开了6次由国家能源局各相关司、省级能源主管部门、可再生能源投资开发企业、电网企业和行业研究机构参加的月度调度会，及时掌握了开发建设中的问题并形成问题责任清单，有力推动了相关问题解决，保障了项目按计划开发建设。截至2022年底，国家可再生能源信息管理中心共编写了15期月度监测评估报告，为国家能源局全面掌握可再生能源发展情况以及各省级能源主管部门横向比较本省（区、市）发展情况提供了有力支撑。

2.6 市场交易

2022年，随着电力体制改革逐步推进，风电等新能源电力参与中长期交易、现货交易等市场机制逐步建立。

1 加快建设全国统一电力市场体系

为实现电力资源在更大范围内共享互济和优化配置，提升电力系统稳定性和灵活调节能力，2022 年 1 月，国家发展改革委、国家能源局印发《关于加快建设全国统一电力市场体系的指导意见》（发改体改〔2022〕118 号），明确到 2030 年全国统一电力市场体系基本建成，新能源全面参与市场交易。

2 逐步推进电力现货市场建设

2022 年 2 月，国家发展改革委办公厅、国家能源局综合司印发《关于加快推进电力现货市场建设工作的通知》（发改办体改〔2022〕129 号），支持具备条件的现货试点地区不间断运行，尽快形成长期稳定运行的电力现货市场。第一批试点地区原则上 2022 年开展现货市场长周期连续试运行，第二批试点地区原则上在 2022 年 6 月底前启动现货市场试运行。

3 有序推动新能源参与市场交易

发改办体改〔2022〕129 号文提出，有序推动新能源参与市场交易。一方面，构建主要由市场形成新能源价格的电价机制。推动新能源自愿参与电力市场交易，充分体现新能源的环境价值和系统消纳成本，引导绿电中长期交易电价对标燃煤发电市场化交易电价。另一方面，建立与新能源特性相适应的交易机制。满足新能源对合同电量、曲线的灵活调节需求，在保障新能源合理收益的前提下，鼓励新能源以差价合约形式参与现货市场交易，按照现货规则进行偏差结算，对由于报价原因未中标电量不纳入新能源弃电量统计。

2.7 金融支持

1 税费优惠支持风电发展

为助力经济社会发展全面绿色转型，实施可持续发展战略，2022 年 5 月，国家税务总局印发《支持绿色发展税费优惠政策指引》，明确风力发电项目继续执行增值税“即征即退”优惠政策。目前，风力发电项目享受的税费优惠政策主要包含增值税即征即退 50%、企业所得税“三免三减半”、西部地区按 15% 征收企业所得税。

2 绿色金融支持新能源发展

根据国务院办公厅转发国家发展改革委、国家能源局《关于促进新时代新能源高质量发展实施方案的通知》(国办函〔2022〕39 号)，利用好现有资金渠道支持新能源发展，研究将新能源领域符合条件的公益性建设项目纳入地方政府债券支持范围；在依法合规、风险可控、商业可持续前提下，金融机构可对已纳入可再生能源发电补贴清单的项目发放补贴确权贷款，解决新能源企业资金需求；加大绿色债券、绿色信贷对新能源项目的支持力度，研究探索将新能源项目纳入基础设施不动产投资信托基金（REITs）试点支持范围。

2022 年 12 月，证监会官网显示，中信建投国家电投新能源 REIT 已获得受理，系全国首批受理的新能源项目，将为盘活风电等新能源资产起到良好的示范效应和带动作用。该项目的底层资产为位于江苏省盐城市的滨海北 H1、H2 海上风电和配套运维驿站项目，合计装机规模 500 兆瓦。中信建投国家电投新能源 REIT 通过基础设施资产支持证券与项目公司等特殊目的载体穿透取得基础设施项目的所有权。目前该项目已正式获批，在上交所开启申购。

3　开发应用篇
Development and Application

3.1 风能资源

2022 年，我国风能资源为正常略偏小年景。70 米高度年平均风速约 5.4 米 / 秒，年平均风功率密度为每平方米 193.1 瓦。其中，湖北、江西、湖南、重庆较近 10 年平均值偏高；贵州、山西、宁夏、江苏、山东、河北、天津、内蒙古、西藏、河南、云南较近 10 年平均值偏低；其他地区与近 10 年平均值接近。

1 风速

2022 年，全国 70 米高度平均风速约为 5.4 米 / 秒。从空间分布看，东北大部、华北北部、内蒙古大部、宁夏中南部、陕西北部、甘肃西部、新疆东部和北部的部分地区、青藏高原大部、云贵高原和广西等地的山区、东南沿海等地年平均风速一般大于 6.0 米 / 秒。其中，东北东部、内蒙古中东部、新疆北部和东部的部分地区、甘肃西部、青藏高原大部等地年平均风速达到 7.0 米 / 秒，部分地区达到 8.0 米 / 秒以上。山东西部及东部沿海、江苏大部、安徽东部等地年平均风速为 5.0~6.0 米 / 秒。其他地区年平均风速一般低于 5.0 米 / 秒，主要分布在中部和东部平原地区及新疆的盆地区域。

2022 年，全国 100 米高度年平均风速约为 5.7 米 / 秒。从空间分布看，东北大部、内蒙古、华北北部、华东北部、宁夏中南部、陕西北部、甘肃西部、新疆东部和北部的部分地区、青藏高原、云贵高原和广西等地的山区、中东部地区沿海等地年平均风速大于 6.0 米 / 秒。其中，东北西部和东北部、内蒙古中部和东部、新疆北部和东部的部分地区、甘肃西部、青藏高原大部等地年平均风速达到 7.0 米 / 秒，部分地区达到 8.0 米 / 秒以上。

2 风功率密度

2022 年，全国 70 米高度年平均风功率密度为每平方米 193.1 瓦。从空间分布看，东北大部、华北大部、青藏高原大部、云贵高原、西南地区和华东地区的山地、东南沿海等地年平均风功率密度一般超过每平方米 200 瓦。其中，内蒙古中东部、黑龙江东部、河北北部、山西北部、新疆北部和东部、青藏高原和云贵高原的山脊地区等地超过每平方米 300 瓦。其他地区年平均风功率密度一般低于

每平方米 200 瓦，其中中部和东部平原地区及新疆的盆地区域低于每平方米 150 瓦。

2022 年，全国 100 米高度年平均风功率密度为每平方米 227.4 瓦。从空间分布看，内蒙古中东部、黑龙江东部、吉林西部及东部的部分地区、河北北部、山西北部、新疆北部和东部的部分地区、青藏高原大部、云贵高原的山脊地区、福建东部沿海等地年平均风功率密度一般超过每平方米 300 瓦。除华东中部和西部、四川盆地、陕西南部、云南西南部、西藏东南部、新疆南疆盆地等地的部分地区年平均风功率密度小于每平方米 150 瓦，其余我国大部年平均风功率密度一般都超过每平方米 150 瓦。

2022 年全国各省份陆地 100 米高度年平均风速与风功率密度统计见图 3-1。

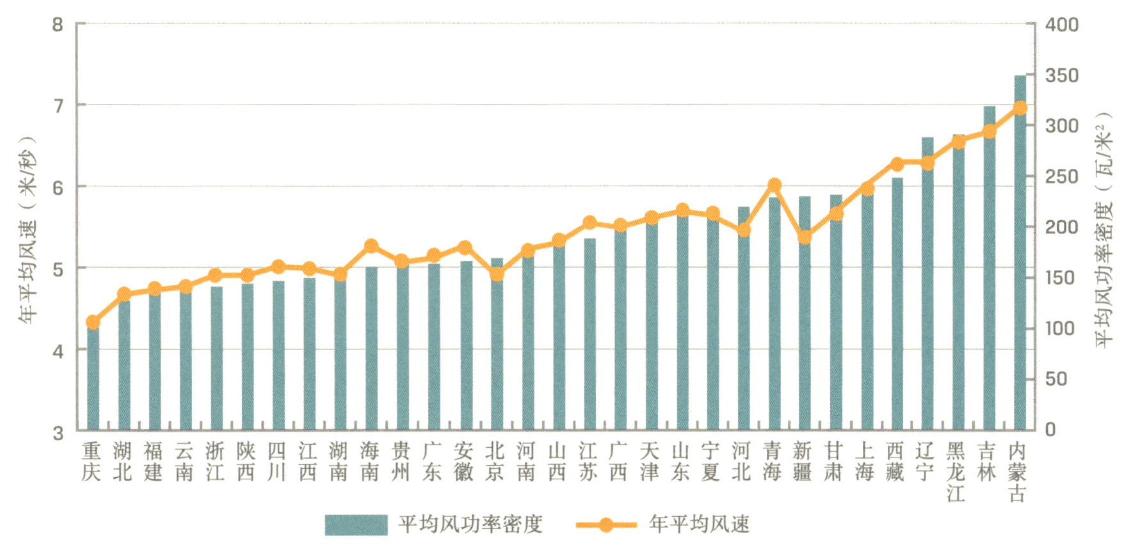

图 3-1　2022 年全国各省份陆地 100 米高度年平均风速与风功率密度统计

3 海上风能资源

海上风电可开发资源潜力较大。中国大陆海岸线长 18000 多千米，受夏、秋季节热带气旋活动和冬、春季节北方冷空气影响，海上风能资源丰富。在近海海域，大部分海区 100 米高度年平均风速超过 7 米 / 秒，风功率密度可达每平方米 300 瓦以上。从海区分布来看，台湾海峡、南海东北部、东海南部等 4 个海域风能资源最为丰富，100 米高度年平均风功率密度超过每平方米 900 瓦；东海北部、南海中东部、南海西北部、黄海南部等 8 个海域风能资源相对丰富，100 米高度年平均风功率密度超过每平方米 600 瓦；北部湾、渤海、琼州海峡等 4 个海域风能资源较为丰富，100 米高度年平均风功率密度处于每平方米 300~600 瓦。

3.2 前期管理

1 保障性并网和市场化并网项目

2022 年，各省（区、市）继续按照国能发新能〔2021〕25 号文，开展保障性并网和市场化并网项目申报工作。其中，各省（区、市）按照非水电最低消纳责任权重合理安排本省风电保障性并网规模；风电市场化并网规模通过自建、合建共享或购买服务等市场化方式落实并网条件，由省（区、市）通过组织开展竞争性配置方式纳入。

据不完全统计，2022 年各地结合自身资源禀赋和发展情况，统筹风光资源配置，部分省份对本省（区、市）新能源保障性并网项目和市场化并网项目的具体项目类型进行了细化管理。部分省（区、市）风电项目管理方案如表 3-1 所示。

表 3-1　部分省（区、市）风电项目管理方案

省(区、市)	保障性并网项目类别	市场化并网项目类别	政策依据
内蒙古	风光氢产业链等重点项目、配套生态综合治理项目、国家试点示范及乡村振兴等项目、分散式风电及分布式光伏发电项目	源网荷储一体化项目、工业园区可再生能源替代项目、火电灵活性改造促进新能源消纳利用项目、风光制氢一体化示范项目、自建购买储能或调峰能力配建新能源项目、全额自发自用新能源项目	内蒙古自治区人民政府办公厅《关于推动全区风电光伏新能源产业高质量发展的意见》
新疆	通过竞争性配置取得保障性并网新能源规模	煤电挖潜改造路径、配套储能推进路径、新增负荷消纳路径、自备绿电保障路径、多能互补协同路径、关联产业互补路径	新疆维吾尔自治区《服务推进自治区大型风电光伏基地建设操作指引（1.0 版）》
湖北	—	煤电企业组煤保电奖励、新能源装备制造产业建设奖励、风光火互补百万千瓦基地、抽水蓄能项目配套新能源	湖北省能源局《关于落实相关政策推进风电、光伏发电开发建设有关事项的通知》

2 风光大基地项目

根据国家大型风电光伏基地规划布局方案，到 2030 年，规划建设风光基地总装机约 4.55 亿千瓦。具体来看，库布齐、乌兰布和、腾格里、巴丹吉林沙漠基地规划装机 2.84 亿千瓦，采煤沉陷区

规划装机 0.37 亿千瓦，其他沙漠和戈壁地区规划装机 1.34 亿千瓦。其中，“十四五”时期规划建设风光基地总装机约 2 亿千瓦；“十五五”时期规划建设风光基地总装机约 2.55 亿千瓦。

3 稳步推进项目核准

在国家大战略目标及可再生能源消纳责任权重目标的引导下，2022 年全国大力推进风电项目。据不完全统计，2022 年全国新增核准 / 备案风电项目容量 10600 万千瓦，较 2021 年翻番，同比增长164%，项目储备充足。其中，陆上风电新增核准/备案规模为10233万千瓦、海上风电新增核准/备案规模为 367 万千瓦。新疆、内蒙古、广西分别核准 2806 万千瓦、1396 万千瓦、1008 万千瓦，居前三位。全年新核准容量超过 500 万千瓦的有 6 个省，绝大部分位于“三北”地区；除前三位外，还有黑龙江、辽宁、吉林。2022 年全国各省（区、市）风电新增核准容量统计见表 3-2。

表 3-2 2022 年全国各省（区、市）风电新增核准容量统计

序号	省（区、市）	新增核准 / 备案容量（万千瓦）			占全国比例
		合计	陆上风电	海上风电	
1	北京	0	0	0	0%
2	天津	51	51	0	0%
3	河北	384	384	0	4%
4	山西	293	293	0	3%
5	内蒙古	1396	1396	0	13%
6	辽宁	628	613	15	6%
7	吉林	589	589	0	6%
8	黑龙江	943	943	0	9%
9	上海	0	0	0	0%
10	江苏	4	4	0	0%
11	浙江	0	0	0	0%
12	安徽	322	322	0	3%
13	福建	0	0	0	0%
14	江西	70	70	0	1%
15	山东	240	0	240	2%

续表

序号	省（区、市）	新增核准 / 备案容量（万千瓦）			占全国比例
		合计	陆上风电	海上风电	
16	河南	11	11	0	0%
17	湖北	0	0	0	0%
18	湖南	119	119	0	1%
19	广东	76	34	42	1%
20	广西	1008	938	70	10%
21	海南	0	0	0	0%
22	重庆	199	199	0	2%
23	四川	156	156	0	1%
24	贵州	390	390	0	4%
25	云南	250	250	0	2%
26	西藏	5	5	0	0%
27	陕西	265	265	0	2%
28	甘肃	365	365	0	3%
29	青海	30	30	0	0%
30	宁夏	0	0	0	0%
31	新疆	2806	2806	0	26%
全国	—	**10600**	**10233**	**367**	**100%**

3.3 建设运行

1 建设情况

装机规模平稳增长。2022 年，我国风电新增并网装机规模平稳增长，全年风电新增并网装机容量 3763 万千瓦，超过近 5 年的平均新增装机规模，但新增进程有所放缓，同比下降 21%。其主要原因是受 2021 年海上风电集中并网的影响，2022 年新增装机规模阶段性回落，海上风电新增装机容量 505 万千瓦，同比下降 70%。2022 年陆上风电新增装机容量 3258 万千瓦，同比增长 6%。

累计装机容量连续 13 年居全球首位。截至 2022 年底，全国风电累计并网装机容量 36544 万千瓦，同比增长 11%，占全部电源装机的 14.3%，同比提升 0.5 个百分点，连续 13 年居全球首位。其中，陆上风电累计装机容量 33498 万千瓦，同比增长 10.9%；海上风电累计装机容量 3046 万千瓦，同比增长 15.4%。2012—2022 年风电累计装机容量占比变化趋势见图 3-2，历年装机容量变化趋势见图 3-3。

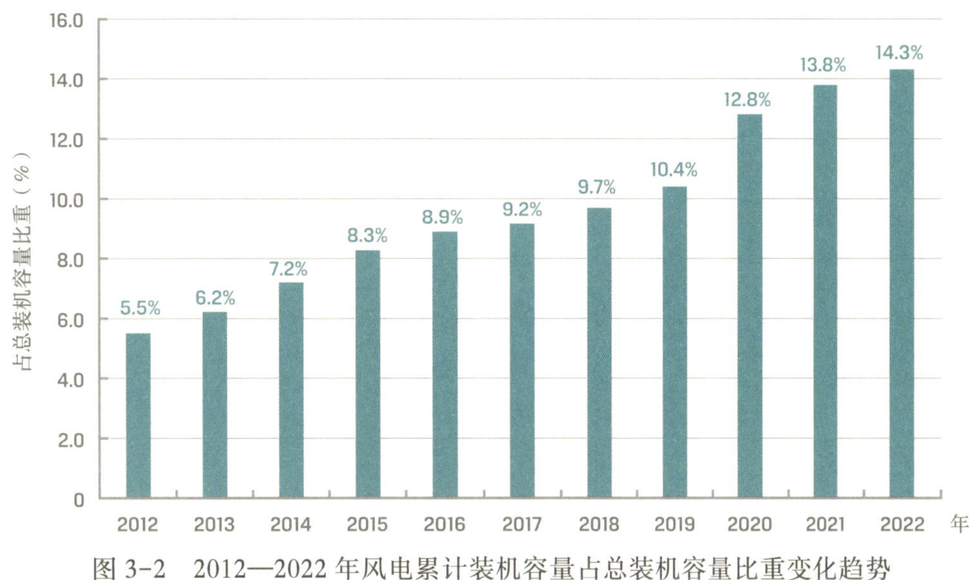

图 3-2　2012—2022 年风电累计装机容量占总装机容量比重变化趋势

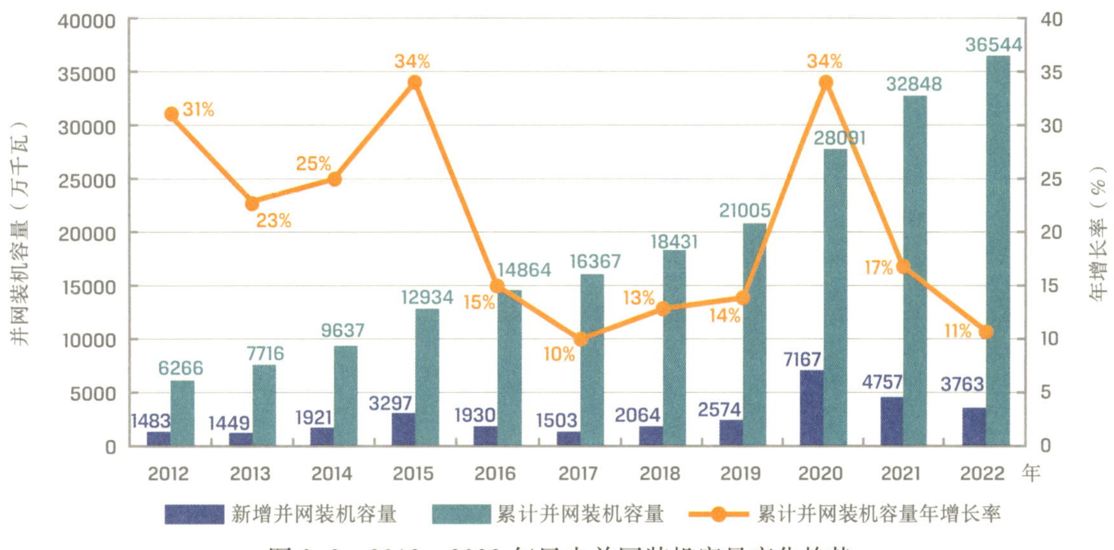

图 3-3　2012—2022 年风电并网装机容量变化趋势

风电基地外送与就地利用并举。我国“三北”地区资源禀赋好，具有集中连片开发条件。近年来，国家在“三北”地区积极推进大型风电基地建设和规模化外送，截至2022年底，累计装机规模超过2000万千瓦的省（区）有内蒙古、河北、新疆、山西、山东、甘肃等六省（区）；中东南部地区靠近负荷中心，具备良好的消纳条件，区域内以就地就近开发模式为主，截至2022年底，江苏、河南、广东等中东南部省份，累计装机容量均超过千万千瓦，尤其是江苏省，累计装机容量达到2254万千瓦，居中东部省份首位。全国风电累计装机容量分布见图3-4。

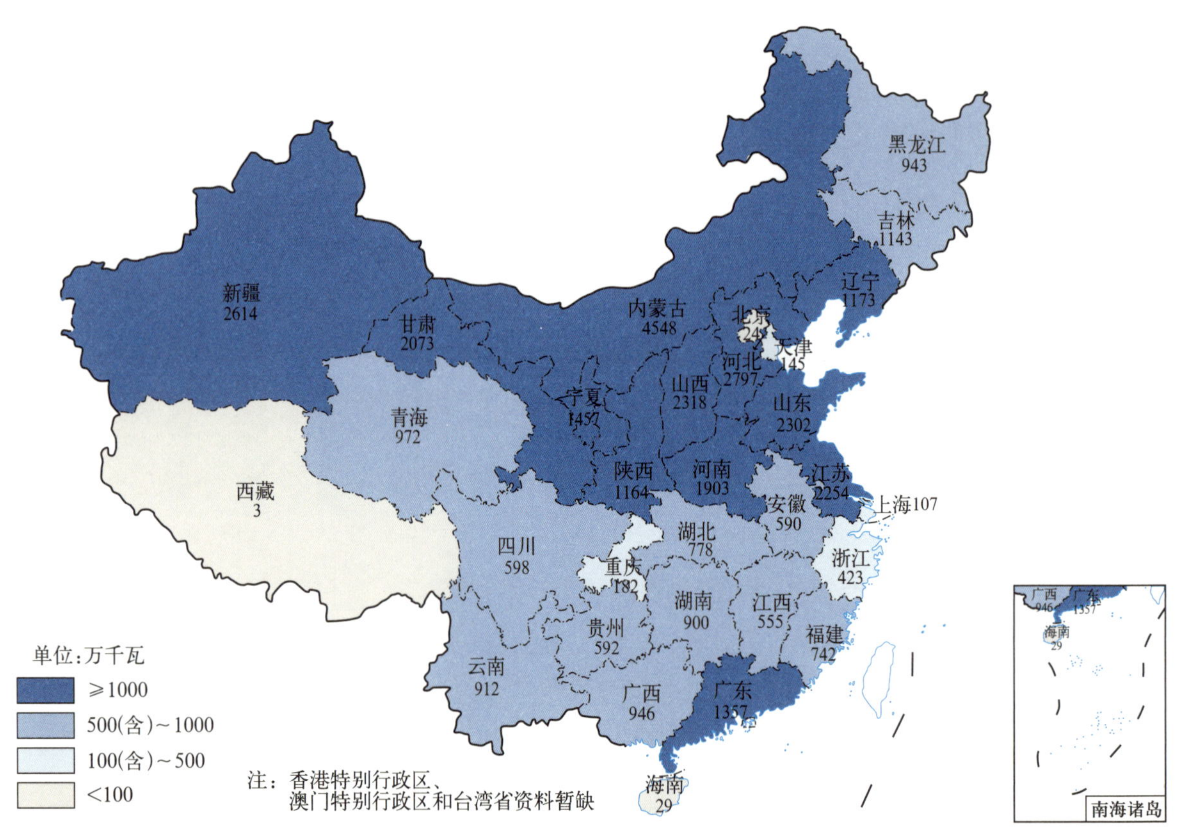

图3-4　截至2022年底全国风电累计装机分布

分月度看，年初、年底集中并网明显。1月和12月，风电项目新增装机达2054万千瓦，占全年的55%（见图3-5）。其中，陆上风电受大基地推进影响，需按期完成当年承诺并网目标，加上行业自身建设周期特点，全年新增装机一半以上集中在1月和12月完成，达到1776万千瓦，占全年的53%；海上风电在存量项目补贴政策激励下，全年新增装机一半以上集中在12月完成，达到254万千瓦，超过全年新增的50%。

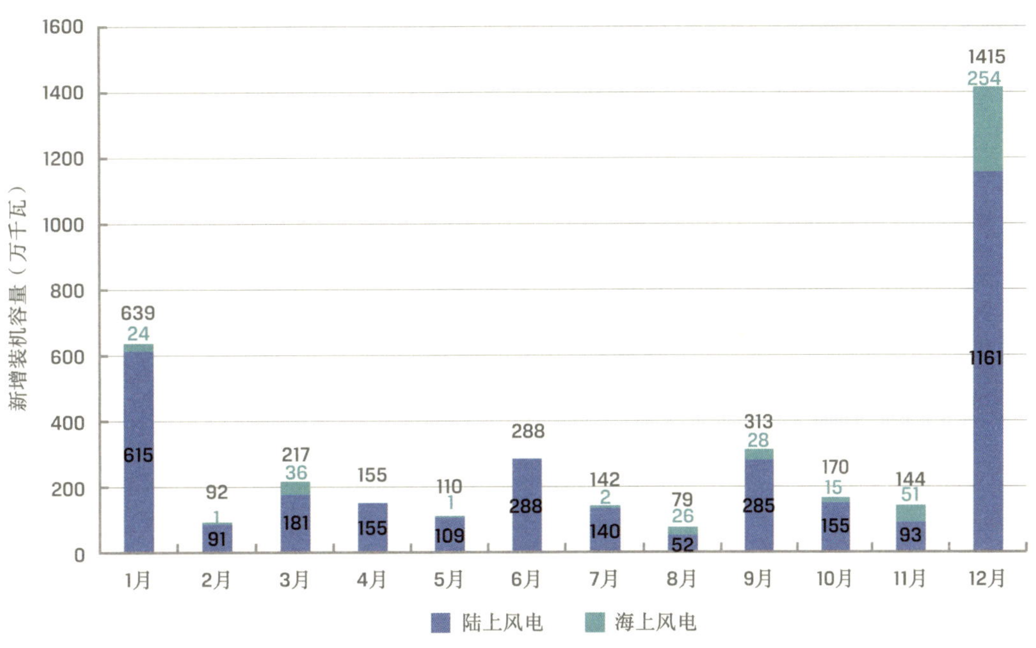

图 3-5　2022 年风力发电新增装机月度变化趋势

风光大基地项目建设稳步推进。以沙漠、戈壁、荒漠地区为重点的大型风电光伏基地建设有序开展。截至 2022 年底，第一批 9705 万千瓦基地项目已全面开工、部分已建成投产，第二批基地部分项目陆续开工，第三批基地陆续形成项目清单。

海上风电装机规模阶段性回落。受 2021 年海上风电抢装潮影响，2022 年我国海上风电全年新增并网装机 505 万千瓦，同比下降 70%。其中，山东、广东两省新增装机合计约占全国新增装机的 69%，领跑全国海上风电发展。随着企业研发投入持续增加，海上风电机型不断丰富，施工安装、运维装备等环节得到补强，正在有序向平价上网过渡。2012—2022 年我国海上风电装机容量变化见图 3-6。

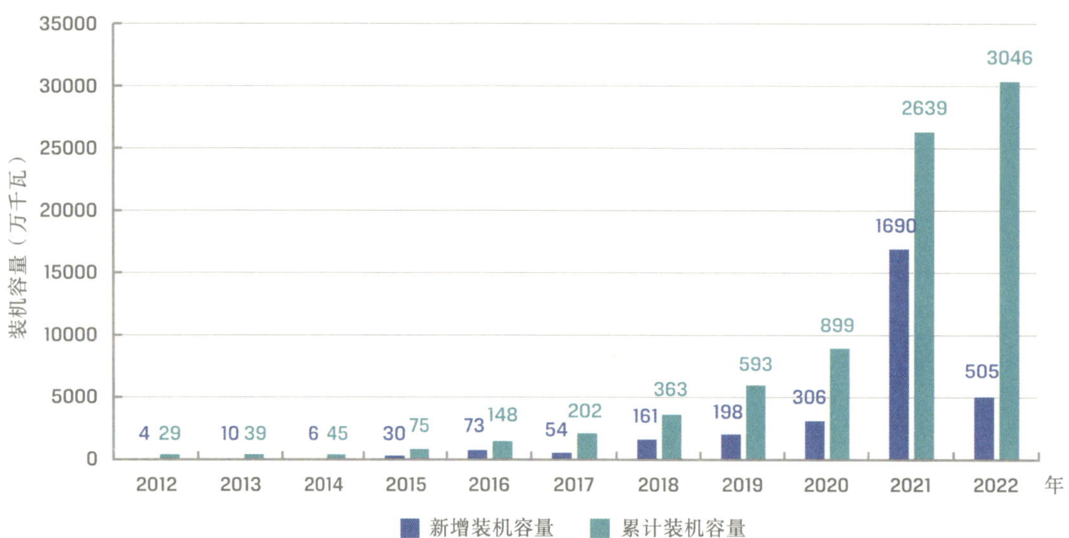

图 3-6　2012—2022 年海上风电装机容量变化趋势

建档立卡有序推进。根据国家可再生能源信息管理平台数据，自 2022 年 9 月建档立卡平台上线至 2022 年底，风电项目的建档立卡进展顺利，信息完整性较高。其中，风电项目完成建档立卡 5805 个，装机容量 3.65 亿千瓦。具体包括，陆上风电建档立卡 5687 个，装机容量 3.35 亿千瓦；海上风电建档立卡 118 个，装机容量 3046 万千瓦。

2 运行情况

发电量稳步增长。2022 年，虽然当年全国风资源为略偏小年景，但受益于装机规模稳步增长，风电发电量达到 7624 亿千瓦时，同比增长 16.3%，占全部电源年发电量的 8.8%，较 2021 年提升 1 个百分点，继续保持煤电、水电之后第三位（见图 3-7）。分省（区、市）看，除云南、海南、宁夏、山西外，各省（区、市）发电量同比均有不同程度增长，其中西藏、浙江、广东增幅均超过了 90%。年发电量超过 300 亿千瓦时的有内蒙古、新疆、河北、江苏、山西、山东、河南、甘肃等 8 个省（区）。

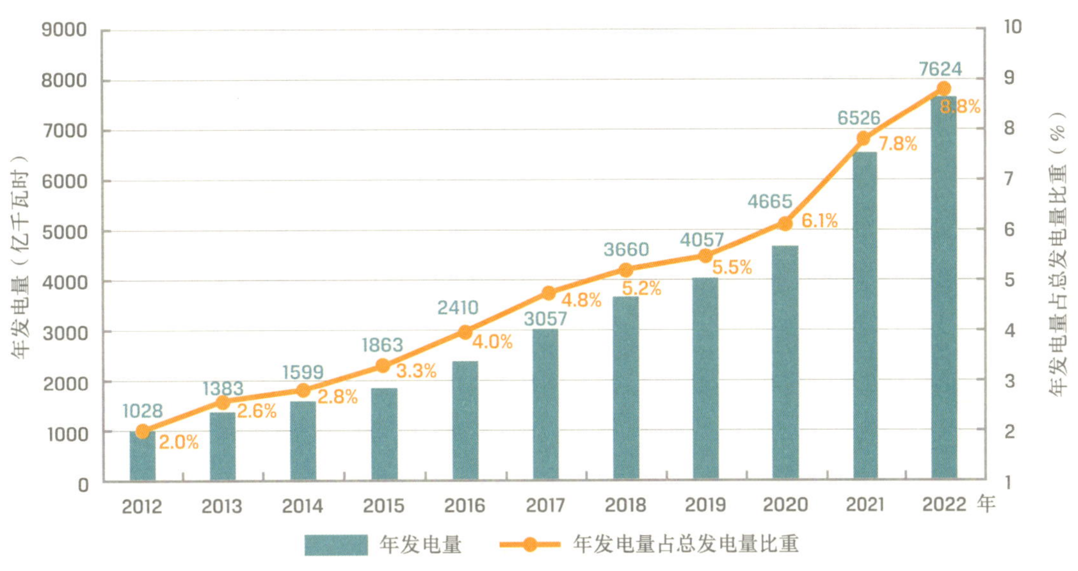

图 3-7　2012—2022 年风电年发电量及占比变化趋势

年平均利用小时数略有上升。2022 年，全国风电年平均利用小时数 2259 小时，同比增加 14 小时（见图 3-8）。分省（区、市）来看，全国 14 个省（区、市）风电年平均利用小时数较 2021 年有所增长。在年平均利用小时数增长较多的地区中，西藏增长 1247 小时、福建增长 509 小时、蒙东增长 473 小时，位居全国前三。其中，西藏因风电总装机容量小，新增项目资源条件较好，2022 年年平均利用小时数较上年有较大提升；福建由于大部分新增海上风电项目集中在 2021 年底并网，海上风电项目年利用小时数相对较高，拉高了年平均利用小时数水平；蒙东主要受益于 2022 年的大风年，发电量较上年大幅提升。2022 年全国各地区风电年平均利用小时数统计情况见表 3-3。

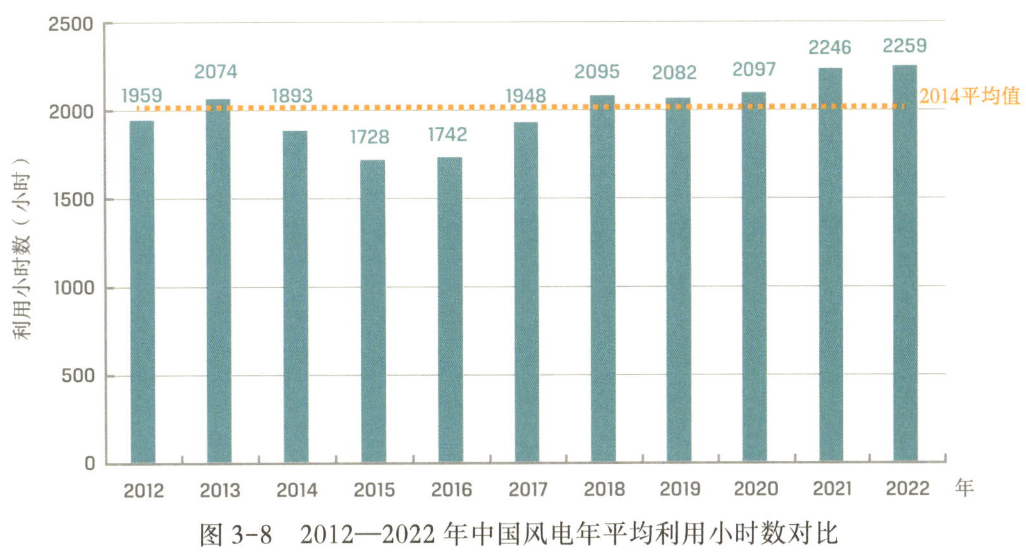

图 3-8　2012—2022 年中国风电年平均利用小时数对比

表 3-3　2022 年全国各地区风电年平均利用小时数统计表

地区	年利用小时数（小时）	同比增减（小时）
全国	2259	14
北京	2024	-21
天津	1898	5
河北	2309	100
山西	2193	-162
蒙西	2565	-61
蒙东	2725	473
山东	2067	-183
辽宁	2301	16
吉林	2300	-4
黑龙江	2647	437
上海	2359	163
江苏	2315	-142
浙江	2496	322
安徽	2125	-215
福建	3346	509
江西	2350	338
河南	2057	-62
湖北	2157	-5
湖南	2113	32
重庆	1843	-234
四川	2296	-99
陕西	1936	-199
甘肃	1912	-119
青海	1618	97
宁夏	1938	-206
新疆	2358	48
西藏	3096	1247
广东	2214	409
广西	2201	-112
海南	1740	-3
贵州	1584	-316
云南	2089	-530

发电利用率维持较高水平。2022年中国风电平均利用率96.8%，继续保持较高的利用率水平（见图3-9）。其中，青海、新疆和内蒙古西部地区，风电年平均利用率分别为92.7%、95.4%、92.9%，同比提升3.4个、2.8个、1.8个百分点。

2022年风电平均利用率保持较高水平，主要得益于以下几个方面：一是政策环境良好，可再生能源消纳责任权重机制为推动行业高效利用提供政策保障；二是西北输电通道电源调峰能力提升，青海拉西瓦水电站全容量投运，有力保障了青豫直流特高压外送通道的安全稳定运行；三是电网网架结构进一步加强，西北主网750千伏联络通道增加至7回，送受电能力均显著增强；四是风电参与市场化交易占比逐步提升，电力现货市场对风电消纳的促进作用初步显现。

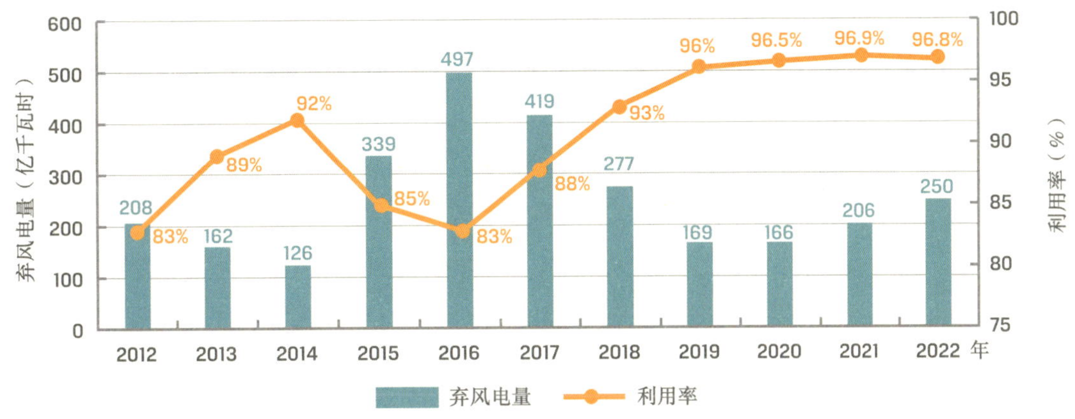

图3-9　2012—2022年弃风电量和平均利用率变化趋势

节能减排效益凸显。2022年，全国风电发电量7624亿千瓦时，根据供电标准煤耗测算，相当于节约标准煤约2.3亿吨，减少二氧化碳排放约6.3亿吨，减少二氧化硫排放超过7.7万吨。

3.4　区域发展

1　区域发展总体概况

“三北”地区新增装机占比大幅提升。近年来，“三北”地区充分发挥区域资源和开发优势，积极推进大型风电基地建设。截至2022年底，第一批以沙漠、戈壁、荒漠地区为重点的大型风电光伏基地项目并网容量为1349万千瓦。2022年，从新增装机分布看，“三北”地区占比上升至74%，同比增加 35 个百分点。从累计装机分布来看，“三北”地区累计装机占比上升至 65%，同比增加 2 个百分点（见图 3-10）。

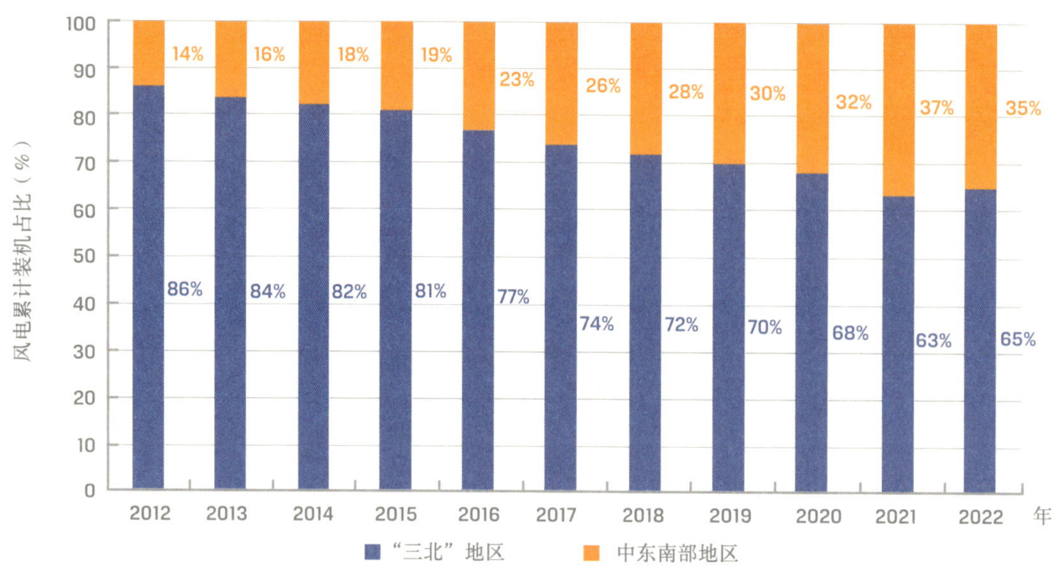

图 3-10　2012—2022 年全国风电装机布局变化趋势

2 重点省份分析

2022 年，全国风电累计装机容量超过 2000 万千瓦的省（区、市）达到 7 个，依次为内蒙古、河北、新疆、山西、山东、江苏、甘肃。从区域分布来看，全国六大区域中，华北、西北、东北、华中、华东、华南地区累计装机容量最大的省份分别是内蒙古、新疆、辽宁、河南、江苏及广东。从项目类型来看，在陆上风电方面，累计装机容量最大的省份是内蒙古，为 4548 万千瓦；在海上风电方面，累计装机容量最大的省份是江苏，为 1183 万千瓦。

选取上述内蒙古、新疆、辽宁、河南、江苏、广东六个省份作为典型，分析其 2022 年的建设运行情况。

（1）内蒙古

• 资源状况

内蒙古属于Ⅰ类、Ⅱ类风资源区，风能资源技术可开发量居全国首位，具有风速大、分布广的特点。风能资源丰富区主要分布在阿拉善高原、巴彦淖尔高原、鄂尔多斯高原、乌兰察布高原、锡林郭勒高原、呼伦贝尔高原为主体的高原区，以及大兴安岭、阴山和贺兰山等山脉两侧的缓山丘陵区和西辽河平原。在 70 米高度，风功率密度每平方米 400 瓦以上的技术可开发量为 4.11 亿千瓦，技术可开发面积达 11.12 万平方公里；每平方米 300~400 瓦的技术可开发量为 14.60 亿千瓦，技术可开发面积达 39.49 万平方公里；每平方米 250~300 瓦的技术可开发量为 15.69 亿千瓦，技术可开发面积达 42.17 万平方公里；每平方米 200~250 瓦的技术可开发量为 17.29 亿千瓦，技术可开发面积达 46.10 万平方公里。

内蒙古 70 米高度 30 年平均风速分布和风功率密度分布分别见图 3-11 和图 3-12。

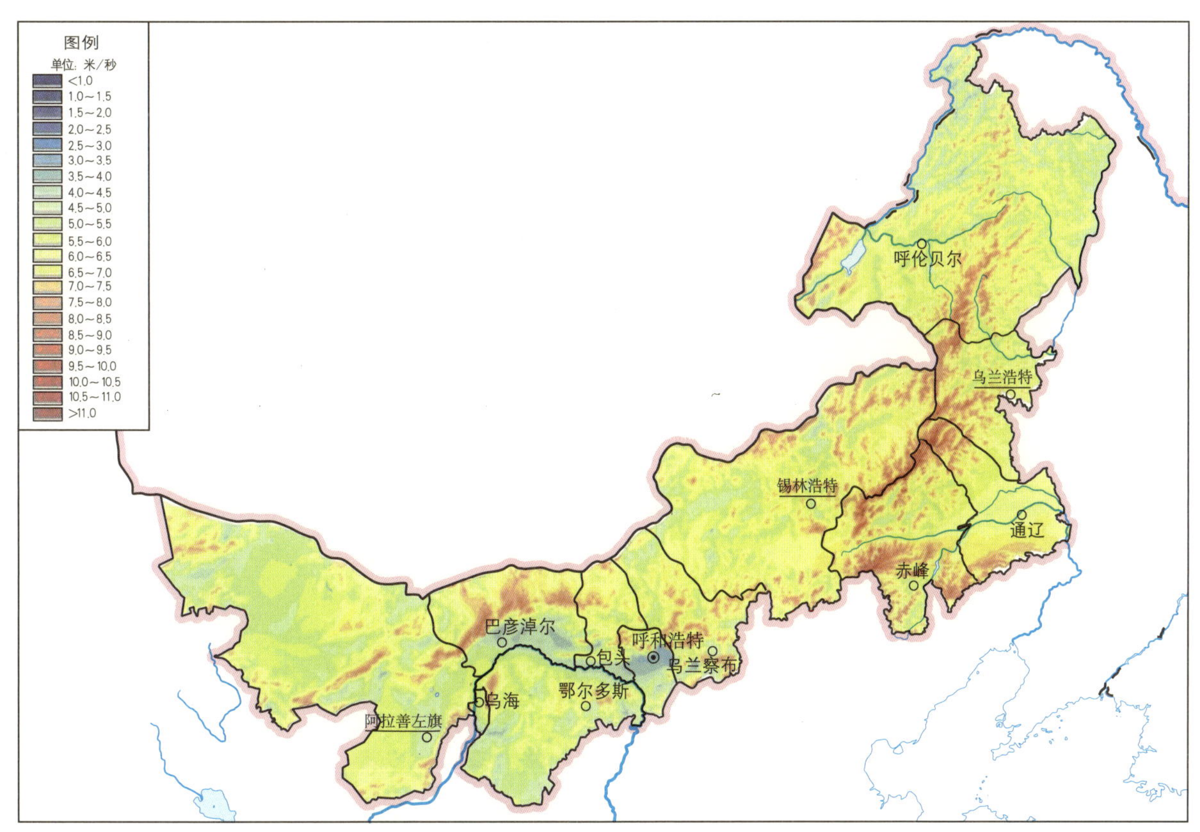

图 3-11　内蒙古 70 米高度 30 年平均风速分布

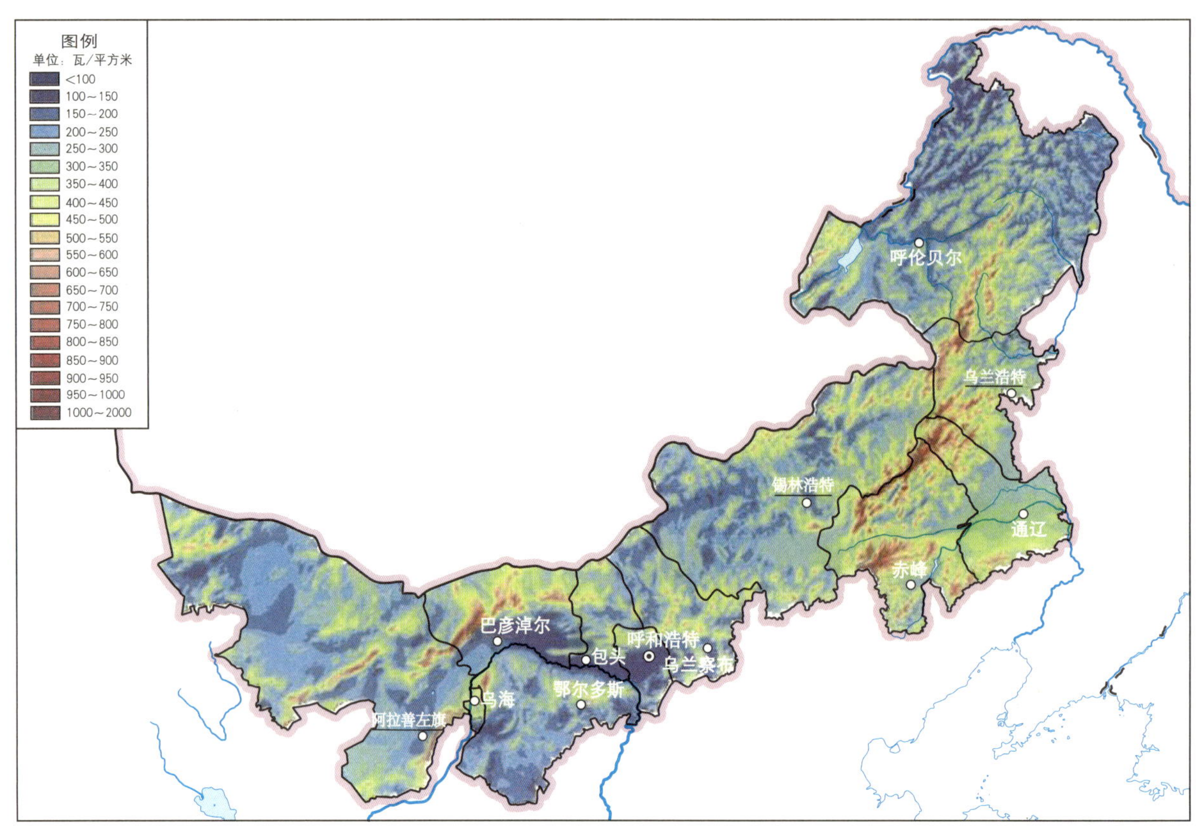

图 3-12　内蒙古 70 米高度 30 年平均风功率密度分布

建设情况

2022 年，内蒙古风电新增装机容量 468 万千瓦，约占到全国新增装机容量的 12%。其中，蒙西地区新增装机容量 262 万千瓦，同比增长 219%；蒙东地区新增装机容量 206 万千瓦，同比增长 53%。截至 2022 年底，内蒙古风电累计装机容量 4548 万千瓦，占全国总装机容量的 12%，蝉联全国第一位。其中，蒙西地区累计装机容量 2424 万千瓦，同比增长 16.6%；蒙东地区累计装机容量 2124 万千瓦，同比增长 10.8%。截至 2022 年底，内蒙古第一批以沙漠、戈壁、荒漠地区为重点的大型风电光伏基地并网项目容量为 251 万千瓦。

运行消纳

2022 年，内蒙古风电年发电量达 1052 亿千瓦时，约占全国风电总发电量的 14%。其中，蒙西地区 520 亿千瓦时，同比增长 0.4%；年平均利用小时数 2565 小时，同比减少 61 小时，超过全国平均水平 305 小时。蒙东地区 532 亿千瓦时，同比增长 27.1%；年平均利用小时数 2725 小时，同比增长 473 小时，超过全国平均水平 465 小时。

2022 年，内蒙古风电利用率为 90.6%，同比降低 2.9 个百分点。其中，蒙东地区平均利用率 90%，同比降低 8 个百分点，主要原因是弃风电量统计口径调整，锡林郭勒盟外送通道配套新能源弃电量从 2022 年起计入蒙东地区；蒙西地区 2022 年平均利用率 93%，同比增加 2 个百分点，主要原因是蒙西地区 2022 年 6 月正式启动电力现货市场长周期试运行，电力现货市场对于促进风电消纳的积极作用初步显现。

（2）新疆

• 资源状况

新疆地域宽广，地形复杂，风能资源时空分布极其复杂，属于Ⅰ类、Ⅲ类风资源区。新疆风能资源丰富区集中在阿拉山口、达坂城河谷、塔城老风口、额尔齐斯河谷、三塘湖—淖毛湖、哈密东南部、十三间房、吐鲁番小草湖、吐鲁番盆地南部低山戈壁、孔雀河、罗布泊东北部与北部、南疆东部沿山一带，以及海拔在 3500 米以上的高山之中。

新疆风能资源丰富，潜在风能开发量为 4.75 亿千瓦（按 70 米高度风功率密度达到 300 瓦 / 平方米以上的可开发量计），技术可开发量为 4.35 亿千瓦。

新疆风能资源分布有明显的季节性差异，大部分风区风速冬春小、夏秋大；额尔齐斯河谷风区、达坂城风区风速冬春大、夏秋小。风能资源分布存在一定的日内差异，一般呈现“一峰一谷”，峰时多数出现在上午，低谷出现在午后。

新疆 70 米高度 30 年平均风速分布和风功率密度分布分别见图 3-13 和图 3-14。

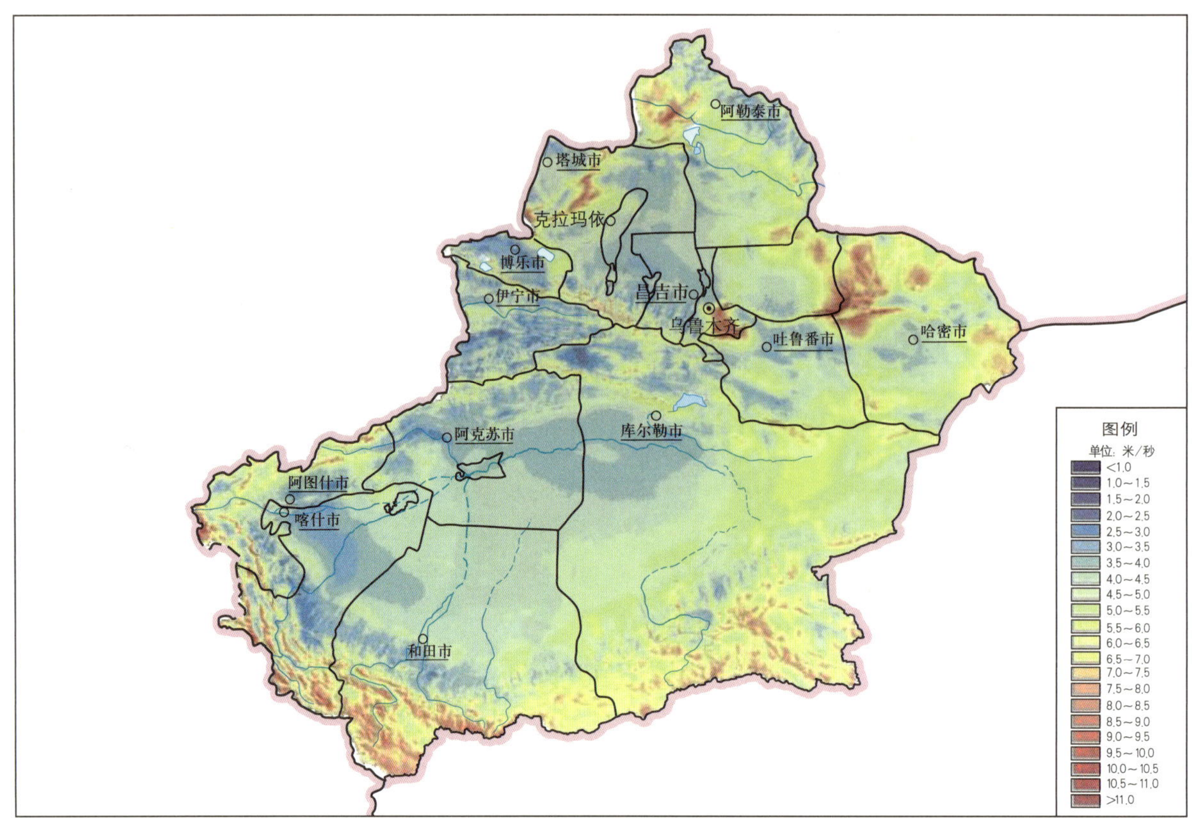

图 3-13 新疆 70 米高度 30 年平均风速分布

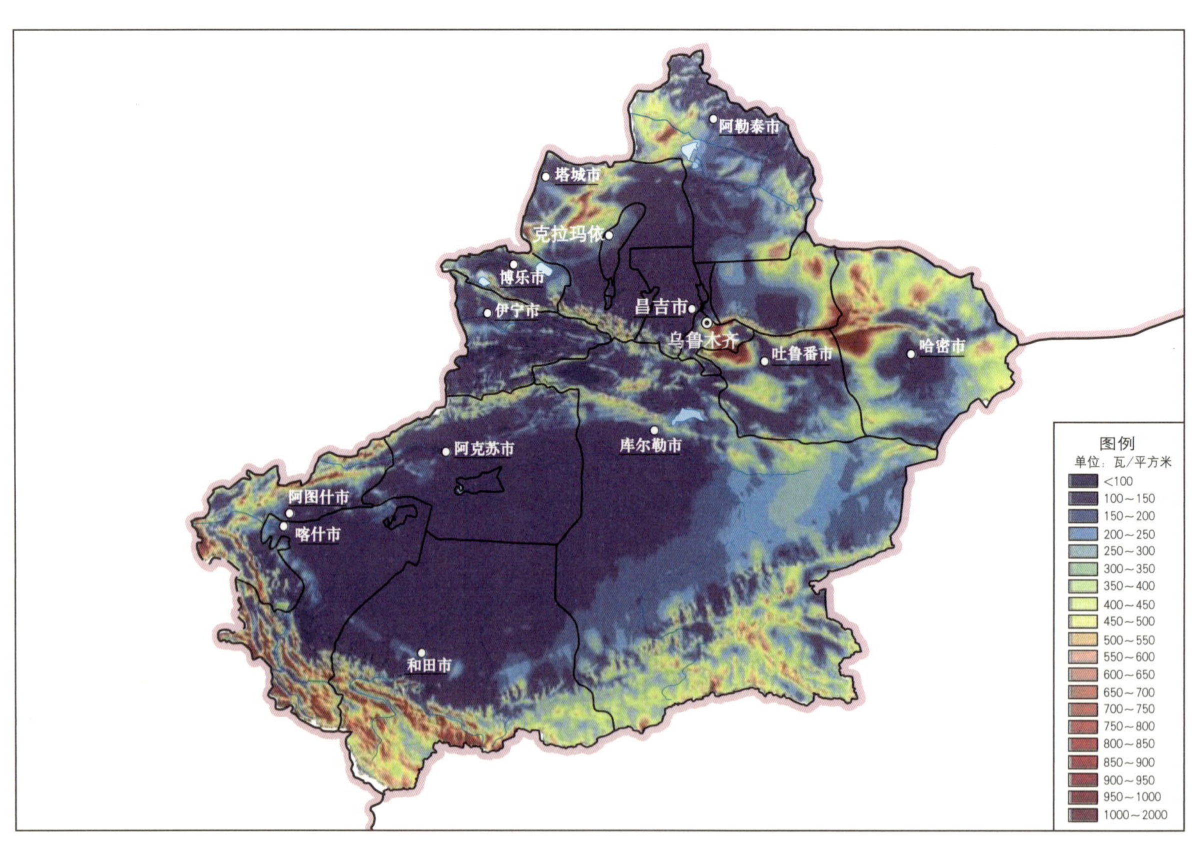

图 3-14 新疆 70 米高度 30 年平均风功率密度分布

建设情况

新疆是我国大力推进大型风电基地建设的重点地区，也是西北地区中风电累计装机容量最大的省份。2022 年，新疆风电新增装机容量 209 万千瓦，同比增加 205%，约占全国新增装机容量的 6%。截至 2022 年底，新疆风电累计装机容量 2614 万千瓦，占全国总装机容量的 7%，居全国第三位。截至 2022 年底，新疆第一批以沙漠、戈壁、荒漠地区为重点的大型风电光伏基地并网项目容量为 100 万千瓦。

运行消纳

2022 年，新疆风电年发电量 588 亿千瓦时，同比增长 7.3%；年平均利用小时数 2358 小时，同比增长 48 小时，超过全国平均水平 99 小时。全疆电力消纳形势持续好转，2022 年全年平均利用率为 95.4%，同比增长 3 个百分点。新疆利用率持续提高主要得益于以下原因：一是通过完善新能源与燃煤自备电厂调峰替代交易、加快推动火电灵活性改造等方式挖掘疆内新能源消纳空间；二是通过现货交易、西北援疆电量库、省间互济区域互保等技术措施扩大疆电外送；三是通过试点新能源跨区发电权替代，推进落实风电清洁供暖、电采暖等政策，开拓新能源消纳模式。

（3）辽宁

资源状况

辽宁属于Ⅳ类风资源区，总体上具有北部和西北部风能资源大于东南部的特点。风能资源丰富的地区主要分布在 3 个带上，即辽北山地丘陵风能资源丰富带、辽东湾沿岸风能资源丰富带和辽东长白山余脉主山梁地带。在 70 米高度，风功率密度每平方米 400 瓦以上的技术可开发量为 1170 万千瓦，技术可开发面积为 3998 平方公里；每平方米 300~400 瓦的技术可开发量为 5981 万千瓦，技术可开发面积为 20409 平方公里；每平方米 250~300 瓦的技术可开发量为 9081 万千瓦，技术可开发面积为 30569 平方公里；每平方米 200~250 瓦技术可开发量为 9305 万千瓦，技术可开发面积为 31540 平方公里。

辽宁 70 米高度 30 年平均风速分布和风功率密度分布分别见图 3-15 和图 3-16。

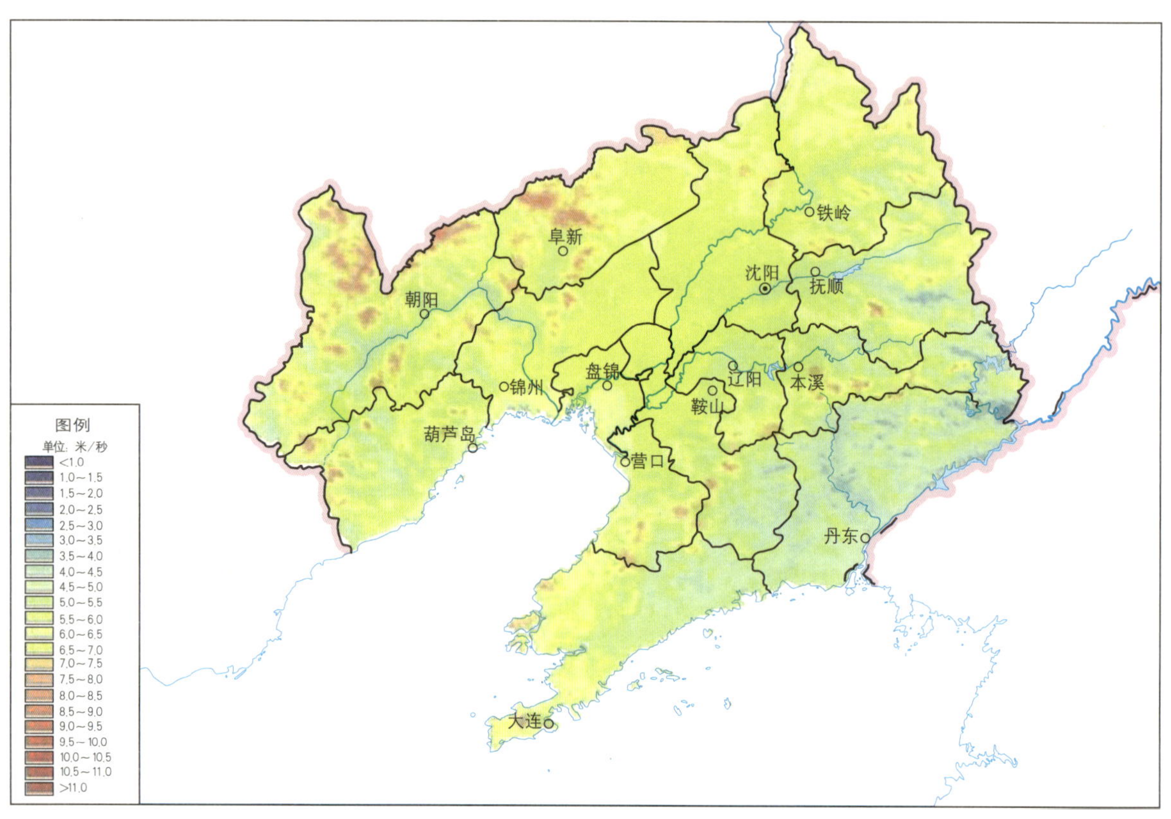

图 3-15　辽宁 70 米高度 30 年平均风速分布

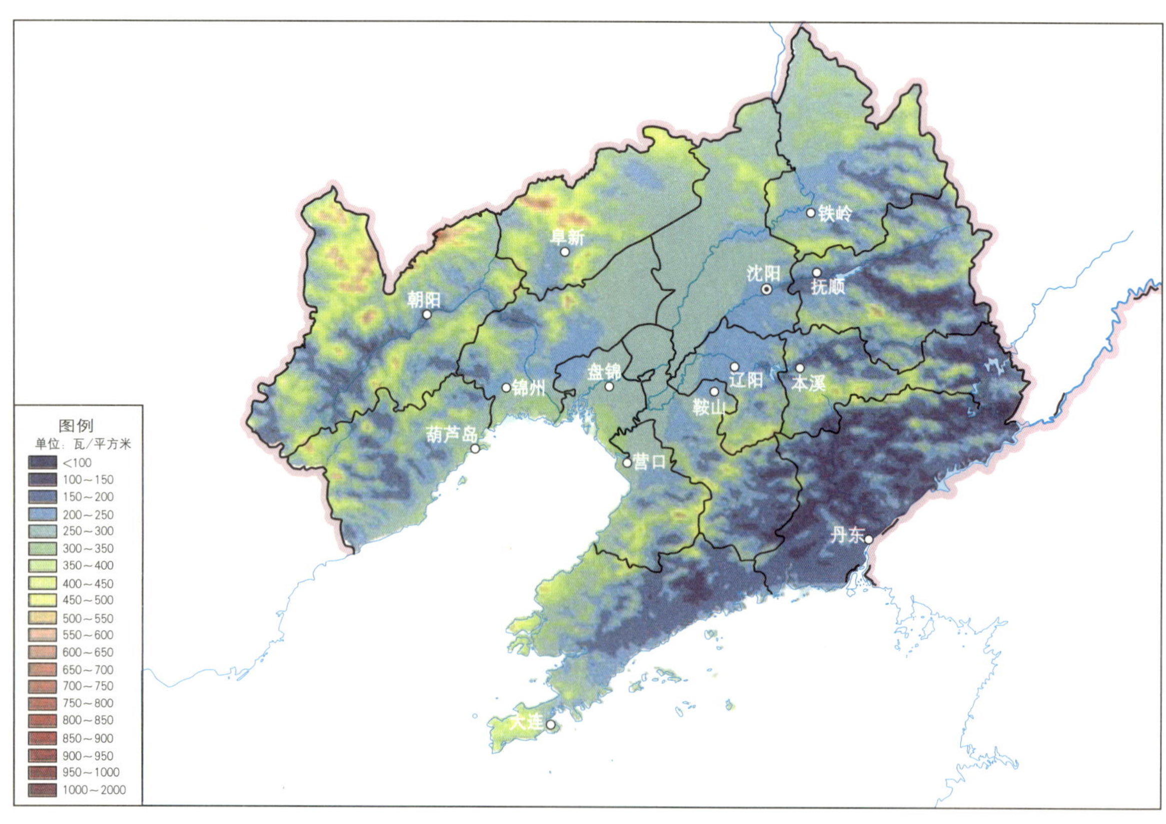

图 3-16　辽宁 70 米高度 30 年平均风功率密度分布

- **建设情况**

辽宁风电累计装机容量居东北三省第一位，装机容量超过千万千瓦。2022 年，辽宁风电新增装机容量 90 万千瓦，同比增长 81%。其中，陆上风电新增装机 44.6 万千瓦，同比增长 12%；海上风电新增装机 45.5 万千瓦，同比增长 355%。截至 2022 年底，辽宁风电累计装机容量 1173 万千瓦，占全国总装机容量的 3.2%，居全国第 11 位。其中，陆上风电累计并网 1068 万千瓦，占全国陆上风电总装机容量的 3.2%；海上风电累计并网 105 万千瓦，占全国海上风电总装机容量的 3.4%。

- **运行消纳**

辽宁风电消纳形势良好。2022 年，辽宁风电年发电量 255 亿千瓦时，同比增长 12.3%；年利用小时数 2301 小时，同比增长 16 小时，超过全国平均水平 42 小时。在陆上风电方面，2022 年全省发电量 238 亿千瓦时，同比增长 8.1%；年利用小时数 2343 小时，同比增加 51 小时。在海上风电方面，2022 年全省发电量 17.5 亿千瓦时，同比增长 137%；年利用小时数 1675 小时，同比减少 642 小时。

（4）河南

- **资源状况**

河南属于Ⅳ类风资源区，风能资源丰富区主要分布在：豫北太行山东部（安阳、鹤壁和新乡）的山地和山前丘陵高地，豫西三门峡、洛阳境内的崤山山脉和黄河南岸的山体，郑州、平顶山、南阳、驻马店一带山区与平原过渡地带的山体和丘陵高地，大别山区和桐柏山的局部山区，豫西伏牛山、熊耳山和外方山的局部山地，太行山南部（济源、焦作）局部山体。

河南风能资源年变化规律一般是冬、春季节较好，夏、秋季节较差，3—4 月为最高值，8—9 月为最低值。

河南 70 米高度 30 年平均风速分布和风功率密度分布分别见图 3-17 和图 3-18。

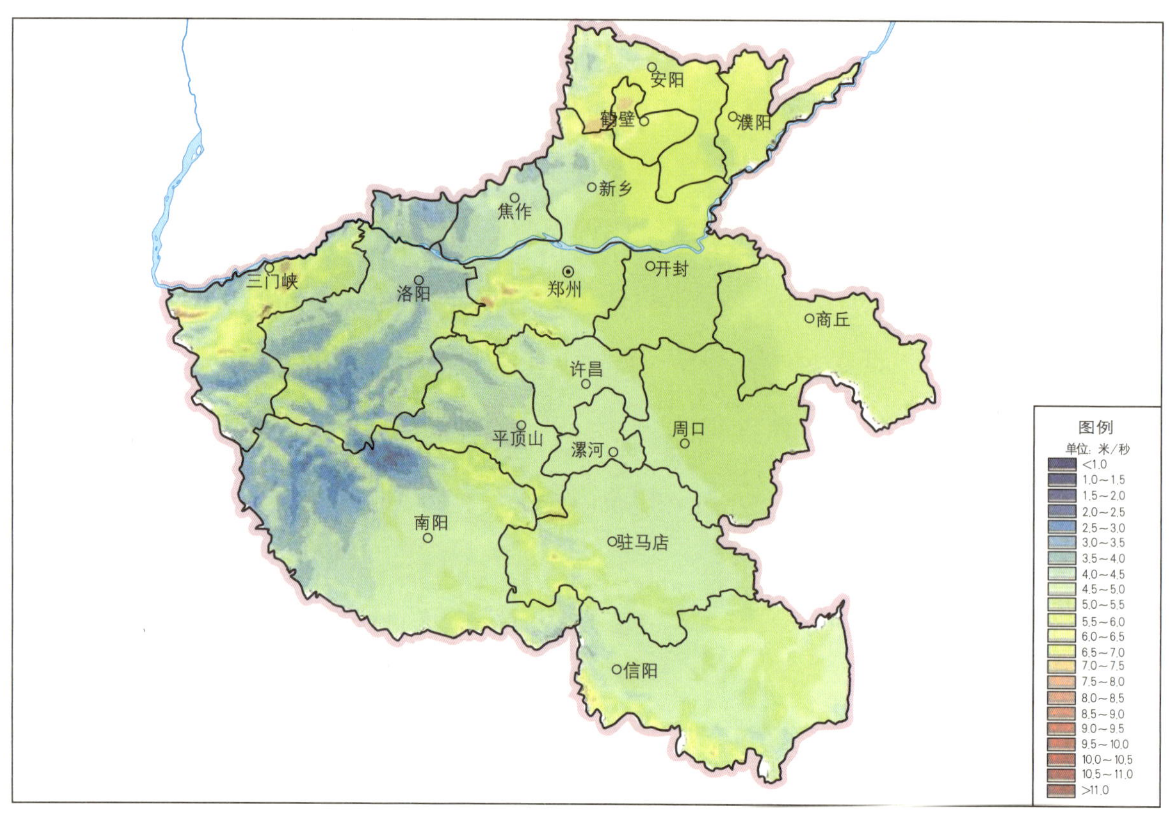

图 3-17　河南 70 米高度 30 年平均风速分布

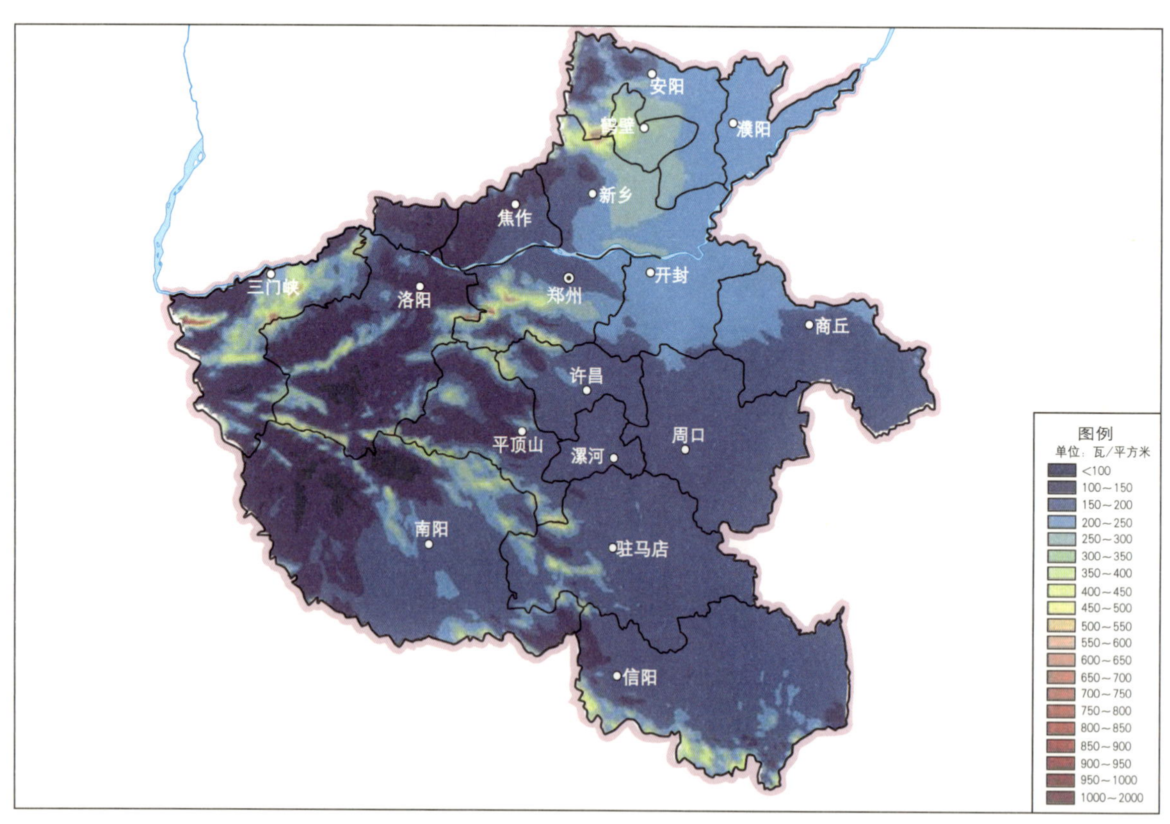

图 3-18　河南 70 米高度 30 年平均风功率密度分布

- **建设情况**

河南作为华中地区风电装机容量最大的省份，装机容量持续增长。2022 年，全省风电新增装机容量 52 万千瓦，同比减少 84%，约占全国新增装机容量的 1.4%；截至 2022 年底，河南省风电累计装机容量 1903 万千瓦，占全国总装机容量的 5.2%，居全国第八位。

- **运行消纳**

河南风电消纳形势良好，基本均为省内消纳。2022 年，河南风电年发电量 382 亿千瓦时，同比增长 16.2%；年平均利用小时数 2057 小时，同比减少 62 小时；风电利用率达到 98.2%，同比减少 0.1 个百分点。

（5）江苏

- **资源状况**

江苏属于Ⅳ类风资源区，沿海风能资源丰富，风能资源由沿海向内陆减小。风能资源主要集中在沿海的连云港、盐城和南通三市，具体包括灌云、响水、滨海、射阳、大丰、东台、海安、如东、通州、海门和启东。从时间分布看，江苏冬季和春季风能资源丰富，夏季和秋季的风能资源相对较少。在冬春季节，沿海地区的 50 米高度风功率密度在每平方米 200~350 瓦，而在夏秋季节，风功率密度在每平方米 150~300 瓦。

江苏具有广阔的海域，受台风影响较小，是沿海内陆开发利用风能资源比较理想的地区。江苏海上风能资源丰富，是大规模风电开发的重点区域，也是千万千瓦级风电基地的主要开发地；太湖、洪泽湖等大型水体区域风能资源也较为丰富，具有开发潜力；内陆其他地区，风能资源相对分散，可进行中小型风电开发。

江苏 70 米高度 30 年平均风速分布和风功率密度分布分别见图 3-19 和图 3-20。

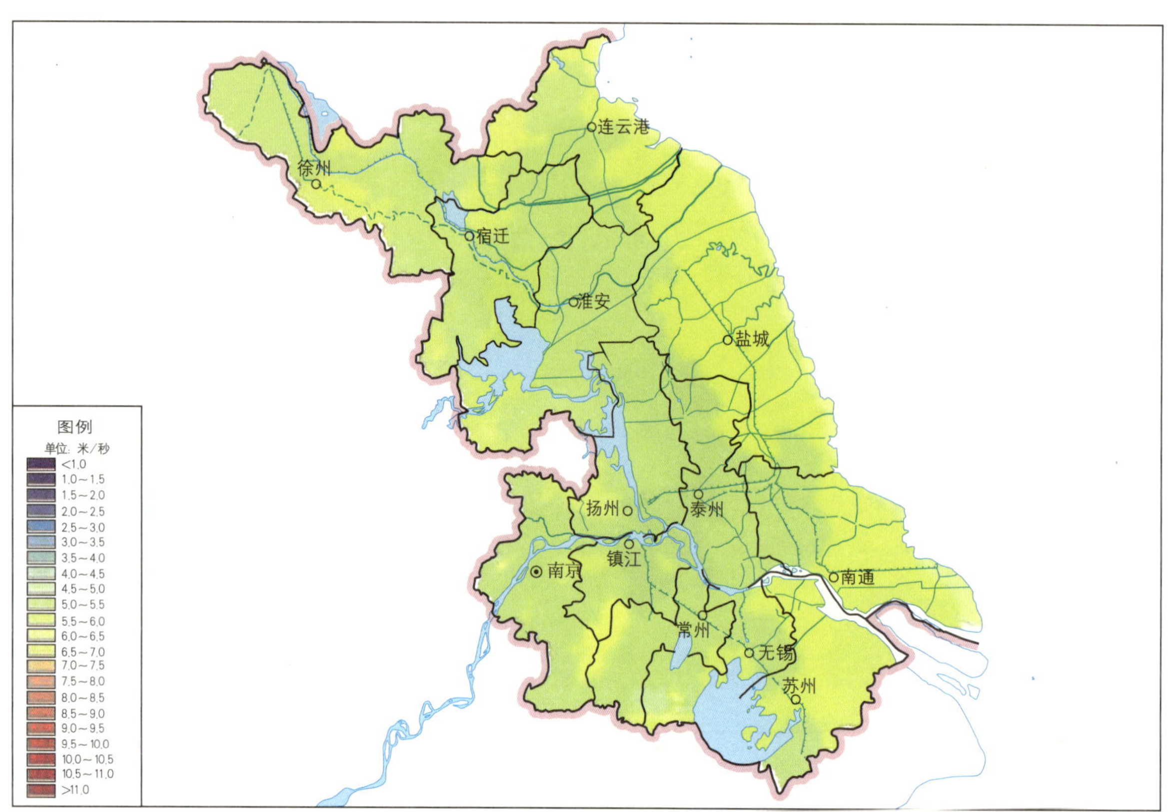

图 3-19　江苏 70 米高度 30 年平均风速分布

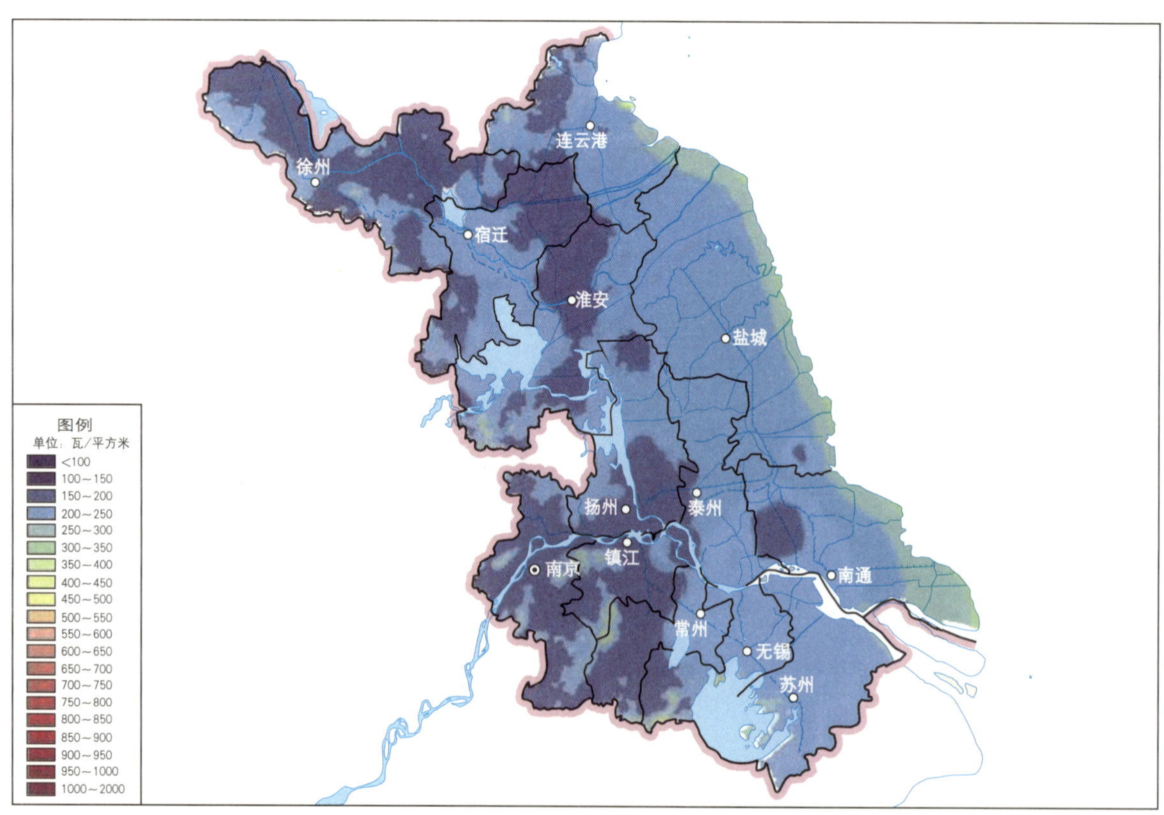

图 3-20　江苏 70 米高度 30 年平均风功率密度分布

• 建设情况

江苏是全国海上风电累计装机最大的省份，也是华东地区风电累计装机最大的省份。2022 年，江苏风电发展放缓，新增装机容量 47 万千瓦。其中，陆上风电新增装机容量 17 万千瓦，同比减少 78%；海上风电新增装机容量 30 万千瓦，同比减少 95%。截至 2022 年底，江苏风电累计装机容量 2254 万千瓦，占全国总装机容量的 6.2%，居全国第六位。其中，陆上风电累计装机容量 1071 万千瓦，同比增长 2%；海上风电累计并网容量 1183 万千瓦，同比增长 2.6%。2022 年无新增核准 / 备案及在建的海上风电项目。

• 运行消纳

江苏风电消纳形势较好。2022 年，江苏风电年发电量 513 亿千瓦时，同比增长 7%；年平均利用小时数 2315 小时，同比减少 142 小时，超过全国平均水平 55 小时。在陆上风电方面，江苏发电量 212 亿千瓦时，同比减少 8%；年平均利用小时数 2001 小时，同比减少 306 小时。在海上风电方面，江苏发电量 301 亿千瓦时，同比增长 62%；年平均利用小时数 2543 小时，同比增加 41 小时。

（6）广东

• 资源状况

广东属于Ⅳ类风资源区，风能资源较丰富的地方主要分布在沿海地区和粤北、粤西海拔较高的山区，具体主要为潮州市、汕头市、揭阳市、汕尾市沿海（包括南澳岛等海岛）、珠海市、江门市、阳江市、茂名市沿海（包括横琴岛、川岛等海岛）、湛江市东南部沿海（包括东海岛等海岛）、粤北河源市西北部、清远市与韶关市交界、清远市与肇庆市交界以及粤西茂名市东北部海拔较高的山区。冬半年（10 月至次年 3 月）是风能资源利用的最佳时节，随着离地高度的增加，风能资源量明显提高。

广东风能资源优良地区（年平均风功率密度不低于每平方米 400 瓦）的技术开发量为 250 万千瓦，技术开发面积为 727 平方公里；风能资源良好地区（年平均风功率密度每平方米 300~400 瓦）的技术开发量为 1367 万千瓦，技术开发面积为 4249 平方公里；风能资源目前可利用地区（年平均风功率密度每平方米 250~300 瓦）的技术开发量为 1461 万千瓦，技术开发面积为 5225 平方公里。

广东 70 米高度 30 年平均风速分布和风功率密度分布分别见图 3-21 和图 3-22。

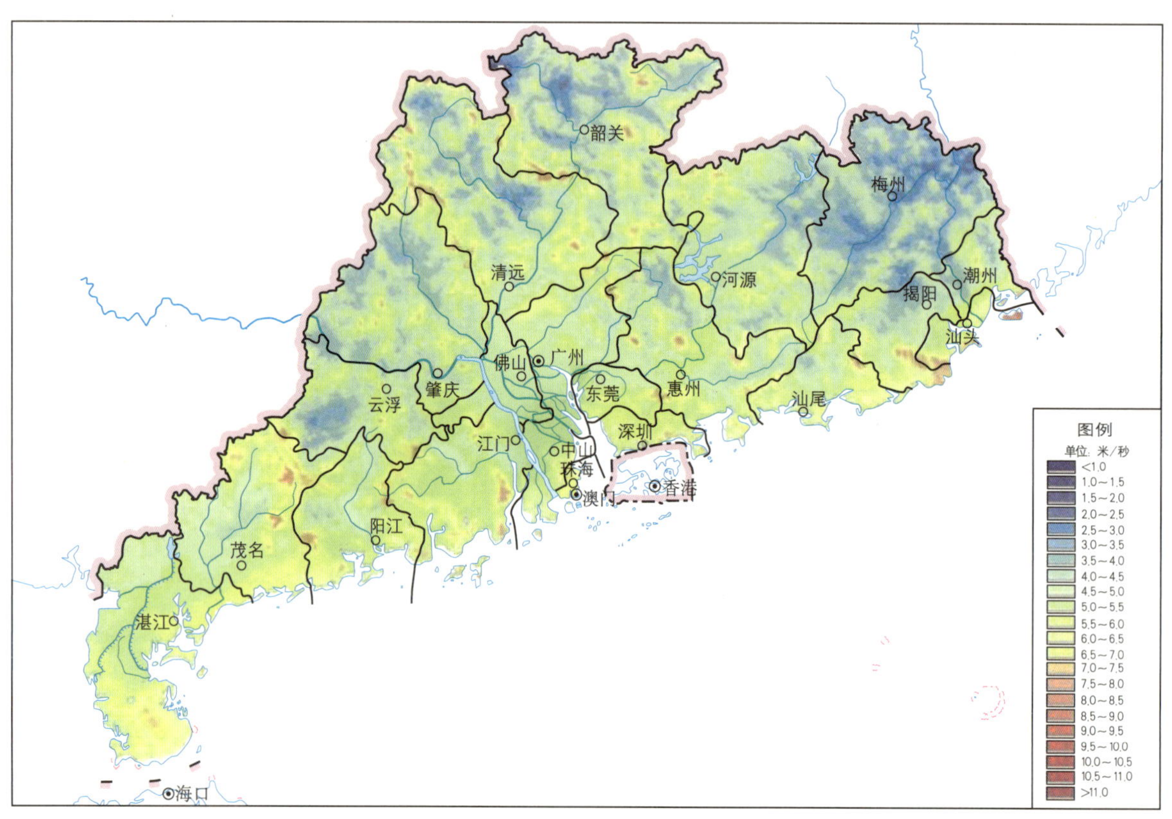

图 3-21　广东 70 米高度 30 年平均风速分布

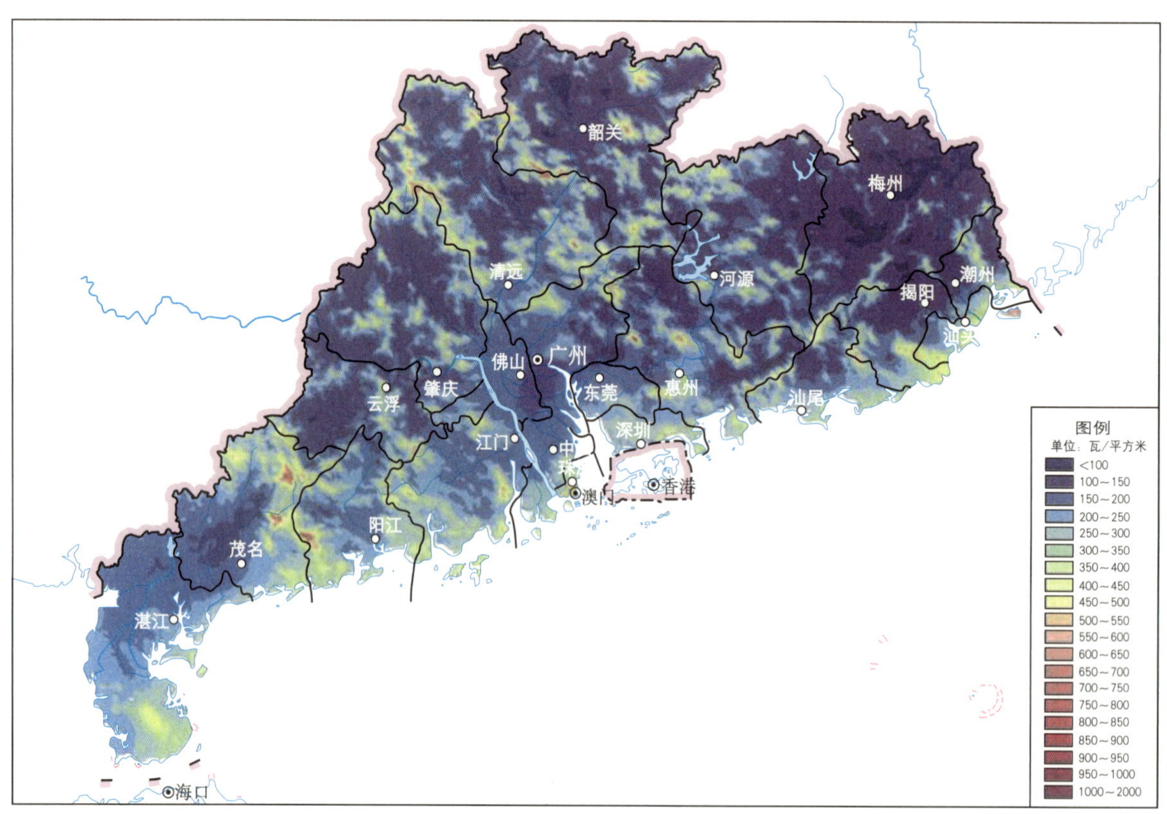

图 3-22　广东 70 米高度 30 年平均风功率密度分布

- **建设情况**

广东为南方区域中唯一一个风电装机容量突破千万千瓦的省份。2022 年，广东风电新增装机容量 161 万千瓦，同比减少 74%。其中，陆上风电新增装机 21 万千瓦，同比减少 75%；海上风电新增装机 140 万千瓦，同比减少 74%，新增装机容量仅次于山东，居全国第二位。截至 2022 年底，广东风电累计装机容量 1357 万千瓦，占全国总装机容量的 4%，居全国第十位。2022 年新增核准 / 备案的海上风电项目规模为 41.9 万千瓦，在建的海上风电项目规模为 785.8 万千瓦，发展潜力较大。

- **运行消纳**

广东风电消纳形势较好。2022 年，广东风电年发电量 269 亿千瓦时，同比增长 97%；年平均利用小时数 2214 小时，同比增长 409 小时。其中，陆上风电年发电量 112 亿千瓦时，同比增长 15%；年平均利用小时数 1980 小时，同比增加 192 小时。海上风电年发电量 157 亿千瓦，同比增长 302%；年平均利用小时数 2330 小时，同比增加 327 小时。

3.5 市场交易

1 电力市场交易

风电等新能源发电量主要分成两部分：一是保障性收购电量，为《关于做好风电、光伏发电全额保障性收购管理工作的通知》(发改能源〔2016〕1150 号）核定的部分地区规划内的风电、光伏发电最低保障收购年利用小时数（即保障利用小时数）电量，以燃煤基准价或中标电价结算，保量保价；二是市场交易电量，包括中长期交易电量和现货交易电量，以交易价格结算，保量不保价。

新能源市场化交易分为省内交易和跨省跨区交易，参与方式主要包括电力中长期交易、发电权交易、辅助服务市场交易等，交易类型包括大用户直供交易、跨省跨区外送交易、风火置换交易、风电清洁供暖交易、电力现货交易及其他交易。开展新能源电力市场化交易的省份主要为新能源发电消纳存在一定压力的省份或地区，包括新疆、甘肃、宁夏、青海、内蒙古及山西等地。

新能源参与电力市场化交易占比逐年提升。2020 年我国约有 25% 的新能源电量参与电力市场化交易，至 2022 年新能源参与市场化交易电量占比已提升至 34%。其中，国网经营区新能源市场化交易电量 3465 亿千瓦时，同比增长 62%，占国网新能源消纳电量的 38.2%。2020—2022 年国网经营区新能源市场化交易电量情况如图 3-23 所示。

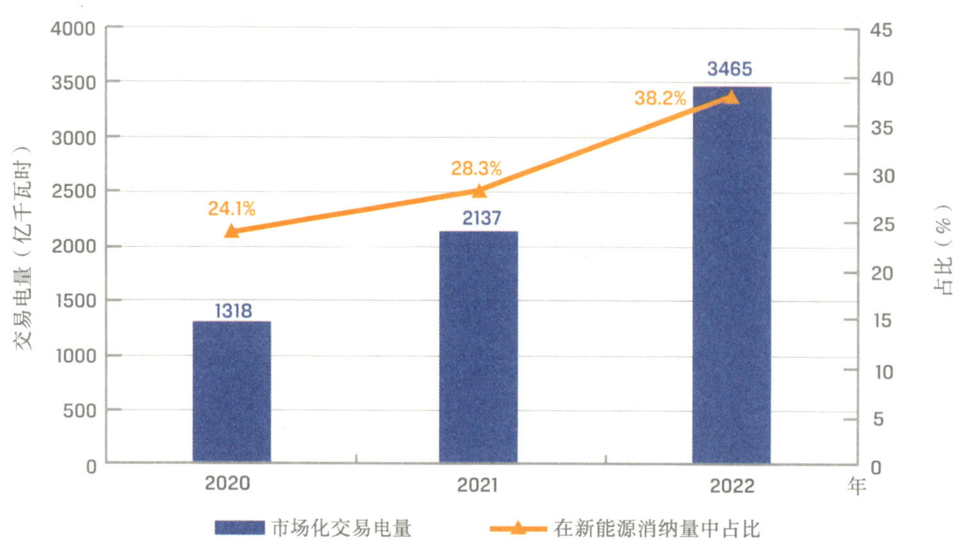

图 3-23　2020—2022 年国网经营区新能源市场化交易电量情况

2 绿证交易

绿色电力证书（简称“绿证”）是可再生能源电量绿色属性的证明，也是认定可再生能源电力生产、消费的唯一凭证。发电企业通过出售绿证获取绿色电力的环境价值收益，用户通过购买并持有绿证证明其消费绿色电力。国家可再生能源信息管理中心负责风电、光伏发电企业的绿证核发工作。绿证交易价格主要通过市场形成，其中补贴绿证价格按照不高于证书对应电量的可再生能源电价附加资金补贴金额，由买卖双方自行协商或者通过竞价确定。

绿证自愿认购的具体交易模式可分为“单独出售”和“物理电量与绿证打捆出售”两种。其中，“单独出售”模式下绿证和物理电量分别完成交易，有绿色消费需求的买方（即使是非电用户）可通过绿证认购平台购买绿证，绿证对应的发电量可等同于燃煤火电等常规电力参与电力市场交易；“物理电量与绿证打捆出售”模式下绿证和物理电量一起完成交易，绿证随物理电量一并流转至电力用户，在合同中同时明确物理电量和绿证交易价格，并在实际物理电量结算时完成绿证交割，即绿电交易（见图 3-24）。

图 3-24 绿证交易模式

2022 年，国家可再生能源信息管理中心全年核发绿证 2060 万个，对应电量 206 亿千瓦时，同比增长 135%；交易数量达到 969 万个，对应电量 96.9 亿千瓦时，同比增长 15.8 倍。其中，通过绿证自愿认购市场开展的绿证交易数量 385 万个，通过绿电交易开展的绿证交易数量 584 万个。截至 2022 年底，全国累计核发绿证约 5954 万个；累计交易数量 1031 万个，其中，通过绿证自愿认购市场开展的绿证交易数量 447 万个，通过绿电交易开展的绿证交易数量 584 万个。

3.6 投资成本

1 投资规模

新增总投资同比下降。2022 年，中国风电工程新增总投资经估算约 2150 亿元，同比下降 58.7%。其中，陆上风电新增投资约 1600 亿元，海上风电新增投资约 550 亿元。2022 年风电投资规模下降主要原因包括两个方面：一是产业建设成本降低。随着近年行业技术快速进步和产业迭代升级，风电机组大型化和运行效率提升，我国风电项目单位千瓦造价进一步下降。二是海上风电新增投资规模下降。海上风电项目单位千瓦造价约是陆上项目的两倍，影响程度相对较大，其投资规模大幅下降导致总投资的大幅减少。

单位千瓦造价持续下降。在陆上风电方面，受益于项目整体规模化开发、大容量机型加速应用以及主机设备价格下降，2022 年陆上集中式平原（戈壁）地区、一般山地以及复杂山地风电项目单位千瓦造价分别约为 4800 元、5500 元和 6500 元。在海上风电方面，综合考虑不同省份海域建设条件差异性因素，2022 年海上风电项目单位千瓦造价约为 11500 元。继 2021 年大规模建设后，海上风电新增开发规模大幅下降，设备供应及施工资源得以释放，供需关系导致的高成本情况得到缓解，项目单位千瓦造价指标降幅较大，部分建设条件较好区域项目单位千瓦招标价在 10000 元以下。

近十年全国风电项目单位千瓦造价走势见图 3-25。

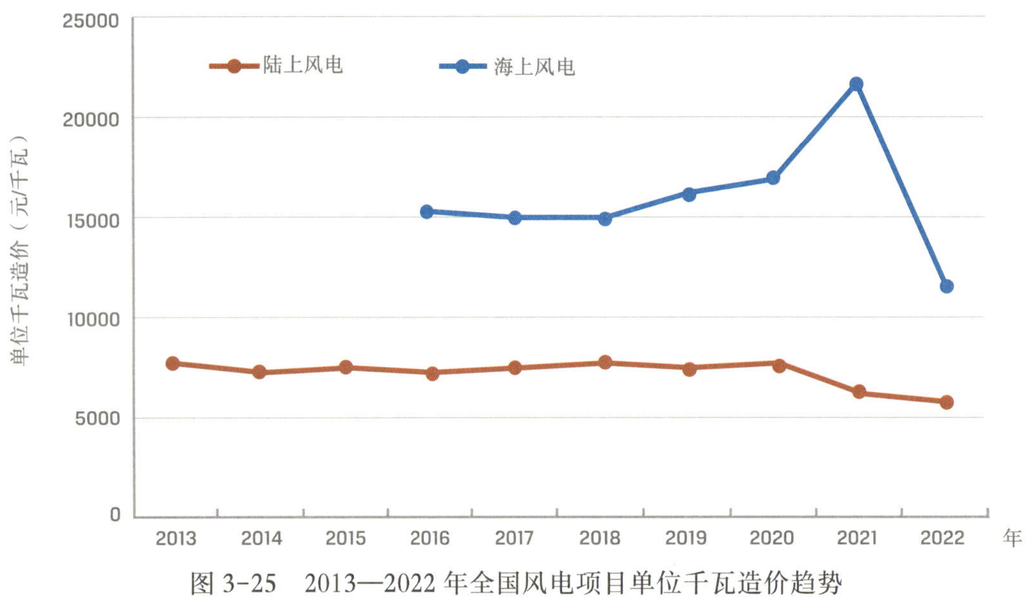

图 3-25　2013—2022 年全国风电项目单位千瓦造价趋势

2 典型项目投资情况

风电项目造价主要包括设备及安装工程、建筑工程、施工辅助工程、其他工程、预备费和建设期利息等六部分，2022 年典型陆上风电项目单位千瓦造价构成如图 3-26 所示，典型海上风电项目单位千瓦造价构成如图 3-27 所示。设备及安装工程费用在项目总体造价中占比最大，陆上及海上风电项目占比分别达到 62% 和 57%，是项目整体造价指标的主导因素；其次，建筑工程费用在总投资中占比也较高，海上风电项目达到 31.7%。以上两项费用中的风电机组价格、施工费用减少引起项目造价整体下降。

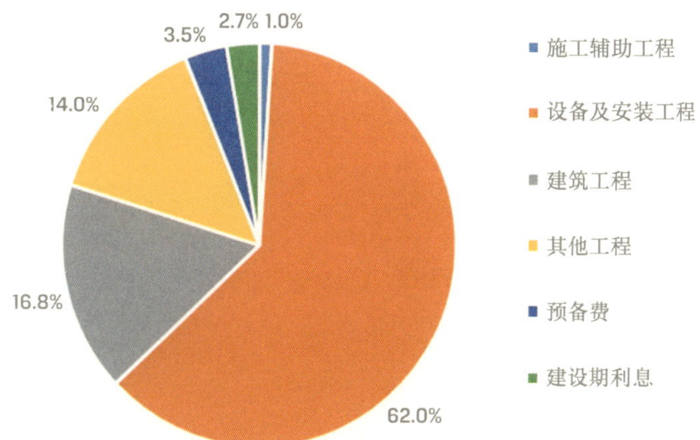

图 3-26　2022 年典型陆上风电项目单位千瓦造价构成

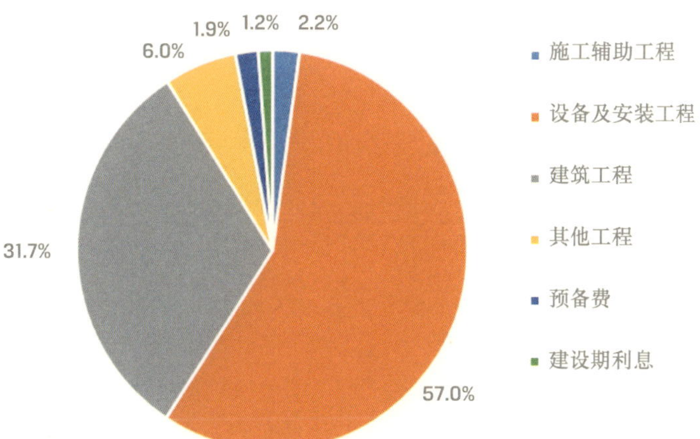

图 3-27　2022 年典型海上风电项目单位千瓦造价构成

4　产业发展篇
Industry Development

4.1 装备制造

产业链体系国际竞争力逐步增强。目前，中国风电已形成涵盖发电机、齿轮箱、主轴、变流器、塔架、叶片等主要零部件的产业链体系，生产的风力发电机、齿轮箱等关键零部件占全球市场份额提升至 70%。

一是形成了相对完整的风电产业链体系。我国工业门类齐全、制造基础设施完善、产业配套优势明显，全球最大风机制造国地位持续巩固加强，目前已有超过 20 家风电企业具备风电机组整机生产制造能力，其中 6 家风电整机制造企业新增并网规模位列全球前十。

二是制造产能支撑全球市场需求。据不完全统计，我国生产的风电机组（含国际品牌在中国的产量）已占全球 2/3 以上市场份额，国内 20 家整机制造企业生产设计年产能超过 1 亿千瓦，居世界首位。我国生产的发电机、轮毂、机架等铸锻件，以及叶片、齿轮箱、轴承等关键零部件的产量占到全球市场 60% 以上，其中风力发电机、齿轮箱等关键零部件占全球市场份额达到 70%。

三是龙头企业位居全球前列。在全球风电前十大整机制造商中，中国企业占据六席，其中金风科技居首位、远景能源居第四位、明阳智能居第五位、运达股份居第七位、三一重能居第九位、中国中车居第十位。

4.2 设备出口

从风电机组出口情况来看，2022 年，中国向海外出口风电机组共计 610 台，2287 兆瓦。其中，陆上风电机组出口 570 台，容量 2122 兆瓦；海上风电机组出口 40 台，容量 165 兆瓦。截至 2022 年底，中国风电累计出口机组 4224 台，累计容量超过千万千瓦，达到 11929 兆瓦。其中，陆上风电机组累计出口 4112 台，容量 11439.2 兆瓦；海上风电机组累计出口 112 台，容量 489.8 兆瓦。

从整机制造企业来看，2022 年，中国有 6 家整机制造企业分别向 21 个国家出口了风电机组。其中，远景能源出口量最大，容量达 1153 兆瓦，占比超过 50%；金风科技出口国家最多，出口国达到 13 个，出口 148 台，容量 611.8 兆瓦。

从出口国家分布来看，2022 年，中国风电机组出口至 21 个国家，出口量排名前五的国家分别是印度、哈萨克斯坦、越南、巴西、乌兹别克斯坦。截至 2022 年底，中国风电机组出口覆盖全球五大洲共 49 个国家，累计出口量排名前五的国家分别是越南、澳大利亚、印度、美国、哈萨克斯坦。

4.3 技术创新

风电机组单机容量不断增大。陆上风电机组单机容量不断突破，主流机型向 5~7 兆瓦持续迈进，7~8 兆瓦机型陆续下线并吊装，8.5 兆瓦、9 兆瓦级机型已发布生产。海上风电方面，8~9 兆瓦机型吊装比例约 44%，10 兆瓦级风电机组也已成为主流机型，11 兆瓦级风电机组已批量化应用，16~18 兆瓦级风电机组相继下线，20 兆瓦海上半直驱风力发电机型成功发布，超大容量风电机组技术促进了项目成本降低，提升了土地、海洋以及风能资源使用效率。

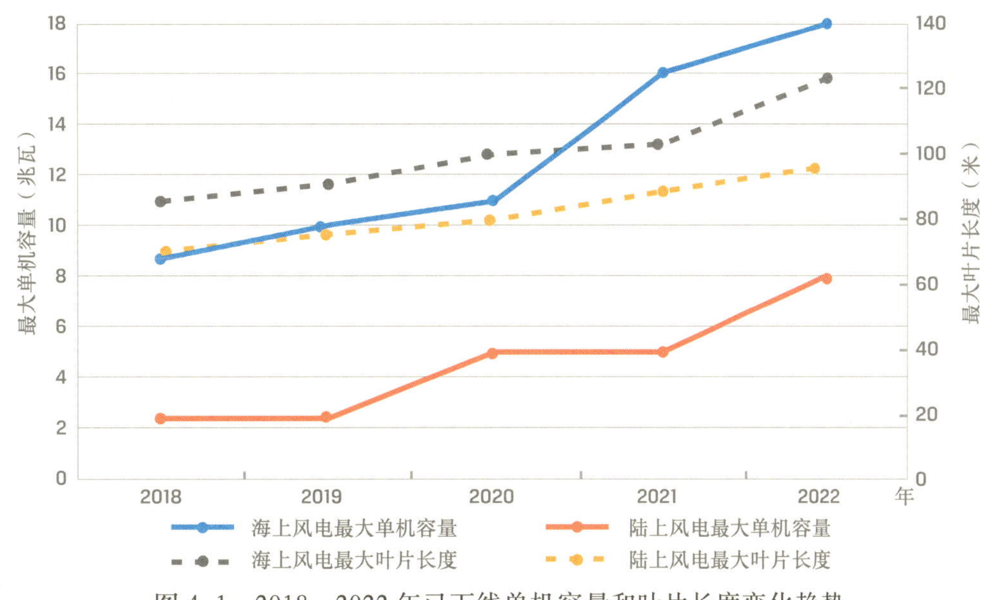

图 4-1　2018—2022 年已下线单机容量和叶片长度变化趋势

风电机组叶片长度持续突破。110 米级风电叶片相继实现生产，123 米风电叶片成功下线。在已发布风电机组机型中，陆上、海上风电机组配套的叶片长度分别达到 100 米、140 米左右。随着风电机组叶片长度不断提升，高模玻纤材料及碳纤维主梁的使用、PET 芯材的替代、聚氨酯的拓展，为超长叶片的诞生贡献了新的力量，并进一步降低度电成本。

智慧运维及数字化应用不断创新。数字化、智能化技术的应用，对于风电产业降本增效大有助益。通过将传感器植入风机部件，并借助先进的控制技术和算法，机组可以提前感知复杂风况变化，实现最优性能；开展塔筒状态监测、叶片振动监测等，可减少故障停机带来的发电损失，运维成本较传统风机大幅降低；发电量预测、故障预测、健康管理等技术进步显著，风电管理变得愈加智能高效。各整机厂商也将业务延伸至运营阶段，集成了集中监控、设备健康管理、资产管理、功率预测、电力交易、数据资产管理和智能场站等模块，整合风电场运维过程中的各个环节，利用大数据、人工智能、物联网、移动互联、AR/VR、数字孪生等技术，融合先进的资产运营管理模式，以科技创新为本，不断开拓，为风电场全生命周期保驾护航。

工程勘测设计水平不断进步。一是陆上风电勘测设计技术稳步发展。腊巴山风电项目基于数字化设计，构建了新一代全生命周期数字化智能型高海拔山地风电场；金风科技成功发布 Double185 高塔，明阳智能自主研发设计的 160 米超高钢混塔架成功吊装，通过在高切变风资源地区增加塔架高度，捕获更多的风能，提高机组发电量。二是海上风电勘测技术取得突破性进展。国内海洋新能源领域最大的综合性勘探试验平台“中国三峡 101”正式投入运营，标志着海上风电向离岸 60 公里以外或水深 40 米以上的深远海风电场拓展；国内首台深远海浮式风电装备“扶摇号”已拖航至平均水深 65 米的广东湛江罗斗沙海域进行示范应用；全球规模最大漂浮式海上风电项目中电建万宁漂浮式海上风电试验项目一期工程开工，标志着海上风电勘测设计迈向深远海。

海上施工安装技术水平加速发展。一是电气设备上置（E-TOP 机组技术）和单叶片吊装广泛应用，可有效提升施工安装技术水平。E-TOP 机组技术，即将变流器、主控、变压器等电气设备由塔底移至塔顶机舱，机组在工厂实现一体化安装、调试，整体出厂，减少了海上进行塔底电气预组装的工作量，节省了整机安装时间。单叶片吊装相比三叶片吊装技术，船机适应性拓宽，海况适应性更强，施工窗口期延长，可提升整体施工效率，节省工程建设时间。二是海上风机吊装的能力也稳步提升。中国海上吊装船吊装能力从 800 吨，逐渐提升至 1200 吨、1600 吨，起重能力、吊高和作业水深等性能都跻身世界前列。吊装船针对海上风电的特点定制化设计，具备单叶片吊装及平台甲板拼装能力，可实现从码头到海装机位的一体化运输吊装，有效节约吊装窗口期，大幅缩短项目建设时限。三是多项全球首创施工安装技术落地实施。国内首艘起重 + 运输一体化深远海风电施工船“乌东德”号、全球首艘新一代 2000 吨级海上风电安装平台“白鹤滩”号投入使用，助力大型海上风电机组顺利施工安装；3500 千焦超大型液压打桩锤成功完成揭阳神泉项目的国内最大风电单桩沉桩，以及世界首艘 140 米级打桩船“一航津桩”正式投入使用，助力深远海海上风电施工建设。

5　形势与展望篇
Situation and Prospect

5.1 面临形势

2022 年，中国风电行业立足“双碳”目标，在疫情大规模暴发、外部环境多变等压力下，装机规模持续扩大，产业创新升级，为风电的高质量发展奠定了良好的基础。2023 年是全面贯彻党的二十大精神的开局之年，是实施“十四五”规划承上启下的关键一年，也是推进中国式现代化新征程的启航之年，风电行业作为能源绿色低碳转型的中坚力量，将面临新的形势与挑战。

1 全球能源绿色低碳转型加速推进

随着技术水平和经济性大幅提升，以光伏发电、风电为代表的新能源发电行业实现跃升式发展，在能源体系中的地位不断提高。发展新能源是应对气候变化的重要举措，以高比例新能源为主要特征的能源转型发展已成为全球共识和发展战略，新能源正深刻改变着世界能源体系。目前，世界主要经济体积极推进经济绿色复苏，绿色产业已成为重要的投资领域，清洁低碳能源发展迎来新机遇。截至 2022 年底，全球已有超过 180 个国家将发展可再生能源纳入国家自主承诺范围，其中超过 140 个国家已制定了可再生能源发展的量化目标。大力发展可再生能源成为全球能源革命和应对气候变化的主导方向和一致行动。

2 全球可再生能源市场保持高速增长态势

近年来，全球可再生能源发电装机规模不断扩大。2022 年，全球可再生能源发电新增装机 2.95 亿千瓦，同比增长 9.6%，占全球新增电力 83%，创历史新高。其中，风电年新增装机 7500 万千瓦，同比增长 9%，占比 25%，仅次于光伏发电新增装机，在各种发电类型中位居第二。据国际能源署（IEA）预测，2022—2027 年可再生能源装机将增长 24 亿千瓦以上，在全球新增电力中的占比超过 90%，到 2025 年可再生能源将超过煤炭成为全球最大的电力来源。据全球风能理事会（GWEC）预测，未来五年全球风电年新增装机将达到 1.36 亿千瓦，实现 15% 复合增长率。

3 中国风电进入历史发展新阶段

当前，中国风电和光伏发电年新增并网装机 1 亿千瓦以上、年发电量 1 万亿千瓦时以上已成为新常态。党中央、国务院高度重视，明确可再生能源消费不纳入能源消耗总量和强度控制，积极推动能耗双控向碳排放双控转变，为新能源发展提供了广阔空间。2022 年，《国务院办公厅转发国家发展改革委、国家能源局关于促进新时代新能源高质量发展实施方案的通知》（国办函〔2022〕39 号）提出创新开发利用模式，明确加快推进风光大基地建设，促进新时代新能源高质量发展，未来新能源发展前景将更加广阔，风电行业发展将进入历史新阶段。

4 风电参与电力市场化交易仍面临挑战

随着电力市场化改革的不断深化，风电有序参与电力市场化交易、还原电力商品属性已成为行业大趋势。但是，当前风电参与电力市场化交易还存在一些问题和挑战，例如市场化交易与全额保障性收购政策的衔接问题，平价上网情况下新能源市场竞争力问题等。同时，风电参与电力现货市场交易面临较大降电价风险，投资收益率将远低于预期，影响项目投资积极性。此外，风电参与辅助服务 / 容量市场、新能源项目配置储能，将进一步增加项目系统成本支出。以绿色电力证书为代表的新能源环境价值补偿机制虽然能够在一定程度上增加项目收益，对冲参与电力市场交易的降电价风险，但当前绿证交易仅依靠自愿市场，成交量较低，交易价格不高，难以形成强有力的用户侧对发电侧的统筹支持体系。

5 风机关键零部件竞争力有待进一步提升

风电机组属于高度机电一体化设备，在核心部件的研发、设计、生产制造过程中涉及多个工业基础领域，虽国内风电机组制造技术发展迅速，但一些关键技术仍制约着风电机组国产化的发展。在大兆瓦风电主轴轴承、齿轮箱 / 发电机轴承、风电主控中的 PLC 模块、风电变流器中的 IGBT 模块，以及风电行业使用的主流工业设计软件领域，仍需实现技术突破。除机组制造技术外，大功率风电机组以及关键零部件的检验试验技术和装置竞争力也有待提升。

5.2 发展趋势与市场展望

1 装机规模持续扩大

在国家“双碳”目标和全面推进新能源产业高质量发展的政策引领下，中国风电行业将进入新一轮高速发展阶段。2023 年，在资源禀赋具有集中连片开发条件的“三北”地区，以沙漠、戈壁、荒漠地区为重点的大型基地项目建设将继续推进；在用电负荷更为集中的中东南部地区，“千乡万村驭风行动”推动分散式风电逐步落地。此外，随着装备技术持续提升，海上风电项目加快建设，将共同推动中国风电装机规模不断扩大。

2 老旧风电场升级改造逐步开展

截至 2022 年底，中国运行时间超过 15 年的风电场装机规模已达 585 万千瓦，具备退役条件或改造升级需求的装机规模可能达到千万千瓦级，部分老旧风电场已着手开展更新试点工作。其中，宁夏、河北、新疆、江苏、山西、山东、贵州等多个省份积极推进改造升级项目，部分项目风电机组已完成批量技改，项目发电量和效率显著提高。2023 年及以后，随着退役风电场站的项目规模不断扩大，更多老旧风电项目将通过更新、技改等途径进行发电能力优化，提升项目发电质量和项目收益，老旧风电场升级改造将逐步开展。

3 风电核心技术创新不断加强

近年来，我国风电核心技术取得重大突破，大功率、轻量化、高可靠成为行业发展趋势。风电机组叶片、塔筒以及配套设备持续向更大、更长、更高、更可靠方向发展，陆上 7 兆瓦、8 兆瓦风电机组陆续吊装、海上 10 兆瓦以上大兆瓦风电机组逐步落地，驱动我国风电成本进一步降低。超大型陆上、海上风电机组的研发工作也取得较大突破，陆上 11 兆瓦、海上 18 兆瓦风电机组陆续发布，不断刷新纪录。风电安装设备也即将推出 1600 吨风机安装船、5000 吨全回转起重船等施工重器，在起重能力、吊高和作业水深等性能方面，将助推我国风电作业平台技术水平提升到全新高度。

4 海上风电进军深远海

近年来，中国海上风电逐步从近海向深远海发展，离岸距离和水深也在向外突破。2022 年，上海、浙江、福建等多省份将深远海海上风电建设纳入“十四五”发展规划，中国自主研发的首台深远海浮式风电装备“扶摇号”进入示范阶段。随着漂浮式等深远海风电装备技术不断提升，远海领域将为我国海上风电提供巨大的可开发空间。

5 风电绿色环境价值进一步凸显

2022 年，国家发展改革委、国家统计局、国家能源局联合印发《关于进一步做好新增可再生能源消费不纳入能源消费总量控制有关工作的通知》(发改运行〔2022〕1258 号)，明确绿证作为可再生能源电力消费量认定的基本凭证，各省级行政区域可再生能源消费量以本省（区、市）各类型电力用户持有的当年度绿证作为相关核算工作的基准，企业可再生能源消费量以本企业持有的当年度绿证作为相关核算工作的基准，进一步链接绿证与能耗双控市场。同年，国家发改委办公厅、国家能源局综合司印发《关于 2022 年可再生能源电力消纳责任权重及有关事项的通知》(发改办能源〔2022〕680 号）也提出，从 2022 年起，逐步建立以绿证计量可再生能源消纳量的相关制度，引导可再生能源发电在全国范围内合理消纳利用，提高绿色电力消费水平，推动绿证机制得到落实。绿证作为核算可再生能源消费量、消纳量的基本凭证，将促进形成全国统一绿证体系，进一步激发绿证市场活力，推动建立健全新能源环境权益交易体系，风电等新能源绿色环境价值将进一步凸显。

6 附录
Appendix

附录　2022 年风电行业主要政策汇总

附表 1-1　2022 年风电行业主要政策汇总

序号	文件名称	文号	发布日期	发布单位
1	关于印发《促进绿色消费实施方案》的通知	发改就业〔2022〕107 号	2022 年 1 月 18 日	国家发展改革委 工业和信息化部 住房和城乡建设部 商务部 市场监管总局 国管局 中直管理局
2	关于加快建设全国统一电力市场体系的指导意见	发改体改〔2022〕118 号	2022 年 1 月 18 日	国家发展改革委 国家能源局
3	关于印发《“十四五”现代能源体系规划》的通知	发改能源〔2022〕210 号	2022 年 1 月 29 日	国家发展改革委 国家能源局
4	关于印发《“十四五”新型储能发展实施方案》的通知	发改能源〔2022〕209 号	2022 年 1 月 29 日	国家发展改革委 国家能源局
5	关于完善能源绿色低碳转型体制机制和政策措施的意见	发改能源〔2022〕206 号	2022 年 1 月 30 日	国家发展改革委 国家能源局
6	关于加快推进电力现货市场建设工作的通知	发改办体改〔2022〕129 号	2022 年 2 月 21 日	国家发展改革委 国家能源局
7	关于 2022 年新建风电、光伏发电项目延续平价上网政策的函		2022 年 4 月 8 日	国家发展改革委
8	转发国家发展改革委、国家能源局《关于促进新时代新能源高质量发展实施方案》的通知	国办函〔2022〕39 号	2022 年 5 月 14 日	国务院办公厅
9	支持绿色发展税费优惠政策指引		2022 年 5 月 31 日	国家税务总局
10	关于印发《“十四五”可再生能源发展规划》的通知	发改能源〔2021〕1445 号	2021 年 10 月 21 日	国家发展改革委 国家能源局 财政部 自然资源部 生态环境部 住房城乡建设部 农业农村部 中国气象局 国家林业和草原局
11	关于 2022 年可再生能源电力消纳责任权重及有关事项的通知	发改办能源〔2022〕680 号	2022 年 7 月 29 日	国家发展改革委 国家能源局

续表

序号	文件名称	文号	发布日期	发布单位
12	关于进一步做好新增可再生能源消费不纳入能源消费总量控制有关工作的通知	发改运行〔2022〕1258号	2022年8月15日	国家发展改革委 国家统计局 国家能源局
13	关于组织开展可再生能源发电项目建档立卡有关工作的通知		2022年8月19日	国家能源局
14	关于印发《加快电力装备绿色低碳创新发展行动计划》的通知	工信部联重装〔2022〕105号	2022年8月24日	工业和信息化部 财政部 商务部 国务院国资委 国家市场监督管理总局
15	关于进一步加强海上风电项目安全风险防控相关工作的通知	国能发安全〔2022〕97号	2022年11月11日	国家能源局
16	关于积极推动新能源发电项目应并尽并、能并早并有关工作的通知		2022年11月25日	国家能源局
17	关于深入推进黄河流域工业绿色发展的指导意见	工信部联节〔2022〕169号	2022年12月12日	工业和信息化部 国家发展改革委 住房城乡建设部 水利部

声明

本报告内容未经许可，任何单位或个人不得以任何形式复制、转载。

本报告相关内容、数据及观点仅供参考，不作为投资等的决策依据，报告编委会不对因使用本报告内容导致的损失承担任何责任。

如无特别注明，本报告各项中国统计数据不包括香港特别行政区、澳门特别行政区和台湾省的数据。部分数据因四舍五入的原因，存在总计与分项合计不等的情况。

本报告部分数据及图片引自水电水利规划设计总院、国家电力投资集团有限公司、国家发展改革委能源研究所、中国可再生能源学会风能专业委员会、中国气象局、彭博新能源财经、中国农业机械工业协会、全国新能源消纳监测预警中心等单位发布或提供的资料，在此一并声明并致谢！